JN418679

| 한국지방분권아카데미 연구총서 3 |

강원지역 균형발전 연구

| 한국지방분권아카데미 연구총서 3 |

강원지역 균형발전 연구

안동규 · 박준식 · 김원동 · 김동식 · 김정욱 지음

小花

강원지역 균형발전 연구

초판인쇄 | 2006년 12월 7일
초판발행 | 2006년 12월 14일

지은이 | 안동규 외
발행인 | 고화숙
발행처 | 도서출판 소화
등 록 | 제13-412호
주 소 | 서울시 영등포구 영등포동 7가 94-97
전 화 | 2677-5890
팩 스 | 2636-6393
홈페이지 www.sowha.com

ISBN 89-8410-312-8 94080
ISBN 89-8410-302-0(세트)

값 11,000원

※ 잘못된 책은 언제나 바꾸어 드립니다.

차례

4장 강원지역의 지역별 특성과 지역혁신 전략

지역이 발전해야 국가가 건강하다.

분권에 기초한 아래로부터의 혁신이 시대의 정신을 주도하고 있다. 참여정부의 출범과 더불어 지역 균형발전과 지방 분권이 국가 정책의 새로운 패러다임으로 자리매김 되었고, 지방자치의 성숙과 더불어 무게 중심이 아래에 담긴 지역 혁신이 국가 발전의 새로운 패러다임이 되어야 한다는 것에 대해 사회적 합의가 성숙되고 있다. 위로부터의 개혁과 밑으로부터의 혁신이 결합되어 전국이 골고루 잘사는 선진 사회를 만들어 가는 것이 선진 한국의 핵심 과제인 것이다.

이 책은 이러한 우리의 문제의식을 강원도를 중심으로 담고 있다. 강원도가 지방분권과 지역혁신을 주도할 꿈과 희망의 비전을 설정하고 그 방안을 탐색하는 데 이 책의 주된 목적이 있다. 과거의 강원도는 인구, 경제, 문화의 낙후지역이라는 이미지를 안고 있었다. 그러나 오늘의 강원도는 환경과 생명, 문화와 인간이 함께 숨 쉬는 선진적 삶과 생활의 중심지를 목표로 움직이고 있다. 이를 위해 강원도는 남들이 따라오기 힘든 자신의 장점을 살리고, 기회를 찾아 혁신의 길로 나서야 한다.

생명과 건강, 삶의 질이 중시되는 새로운 가치의 시대에 강원도가 지니는 내재적 가치와 국내외의 기회를 활용하여 성공의 잠재력을 실현하기 위한 지혜가 어느 때보다 중요해지고 있다. 청정한 자연과 이로부터 나올 수 있는 가치를, 문화를 담은 경쟁 우위 요소로 전환시켜 강원도의 실정에 맞는 개발 전략을 추진해야 할 것이다.

강원도는 세계 속의 생명, 건강 산업 중심 지역으로의 도약을 비전으로 설정하고, 이를 실현하기 위하여 지식기반 산업, 관광 산업, 농산어촌의 특화 발전을 지향하고 있다. 이러한 방향의 지역 혁신에 단순한 전략 차원의 문제를 넘어서는 21세기의 생존과 문화적 가치를 접맥시켜 세계적 보편성을 획득하는 것 또한 중요하다. 강원도의 지역혁신은 작게는 지역 생산을 확대하고, 지역 산업의 경쟁력을 강화하고, 지역 주체들이 자립과 상생의 복지를 실현하는 것이고, 크게는 국가적 차원의 새로운 생존과 번영 전략을 실현하는 무대가 되는 것을 의미한다.

강원도의 지역들이 지향하는 새로운 비전들은 균형 발전과 분권의 시대를 지탱하는 기반이 될 수 있도록 정교하게 다듬어져야 한다. 강릉, 원주, 춘천, 속초 등 자연적 · 지리적으로 분산과 균형이 잘 갖추어진 강원도의 지정학적 특성을 전략적 우위 요소로 인식하고, 각각의 지역들이 특색 있는 발전의 길로 나아갈 수 있도록 북돋워 주어야 한다.

이 책에서 저자들은 거대 담론에 치우친 중앙 집권적 사고를 극복하기 위해 많은 노력을 기울였다. 지역을 중심으로 크고 작은 단위에서 알뜰하게 자생적으로 커 가고 있는 혁신 역량들에 주목하였다. 작은 지역들이 뭉쳐 큰 지역을 이루고, 아래로부터의 생명력이 지탱되어야 큰 국가가 될 수 있다. 문화와 정신, 건강과 생명이 살아 있는 마을들은 성장해야 국가가 건강하게 살아 숨 쉴 수 있고, 국민들은 삶의 질을 높일 수 있다. 아래로부터의 힘과 위로부터의 지혜가 서로 결합되어야 지속 가능한 지역 경제의 틀이 만들어질 수 있다.

강원도의 발전은 중앙 집권적 방식보다는 작은 단위의 개발과 혁신을 네트워크 방식으로 연결시킴으로써 더 효과적으로 추진될 수 있다. 마을 단위, 공동체 단위, 기능 단위들에서 자생적인 혁신 모임들이 조직되고, 지혜가 모아지고, 사람들 사이의 신뢰가 자랄 수 있도록 도움을 주어야 한다.

이 책은 지난 수 년 동안 강원도에서 이루어진 마을과 도시, 지역과 광역 차원의 지혜들을 축적하고, 편집하여 미래의 길로 연결될 수 있도록 하기 위한 노력의 결과이다. 한국지방분권아카데미는 앞으로도 지역과 함께 호흡하는 지역혁신의 중추 기관으로 지역의 지혜를 새롭게 발굴하기 위한 노력에 매진할 것을 약속드리며, 이 책이 지역의 미래를 고민하는 사람들에게 오랫동안 함께 사용되기를 기원한다.

2006년 8월

저자 대표 안동규

1장 문제의 설정

강원도는 참여정부가 추진해 온 최대의 국책 과제인 국가균형발전을 선도해야 할 가장 중요한 지역의 하나로 볼 수 있다. 강원도가 균형발전의 선도적 역할을 추진해야 하는 이유는 사회경제적 측면뿐 아니라 상징적 차원에서도 당연하고 절실하다. 전국의 모든 지역들과 현재의 사회경제적 상황을 비교해 볼 때 강원도의 낙후성은 가장 두드러지고 있기 때문이다.

전국의 도청 소재지 중에서 수도권과의 고속도로 망이 아직도 직접 연결되지 않은 지역은 제주도를 제외하면 강원도가 유일하다. 국가 주도의 중앙집권적 불균형 발전 전략을 추진하는 과정에서 수도권 중심의 발전 결과 최대의 희생을 떠안아야 했던 지역 또한 강원도이며, 현재까지도 강원도 대부분의 지역들은 2중 3중의 규제 속에 발전 자체를 규제받고 있다.

이러한 상황에서 참여정부의 균형발전 정책과 지역혁신 전략은 강원도의 낙후성을 극복할 수 있는 새로운 정책 환경과 물적 지원의 가능성을 열어 놓음으로써 낙후된 지역에 새로운 희망을 불어넣고 있다. 그러나 반세기 동안의 지역 소외를 극복하고 21세기 국가균형발전의 새로운 패러다임을 주도하기 위해서는 외부의 정책적 지원으로는 한계가 있을 수밖에 없다. 국가적 차원의 정책 변화와 지역의 주체적 역량이 적절히 결합되어 지역 발전을 위한 새로운 기운을 불어넣을 수 있는 에너지가 지역으로부터 창발적으로 방출되지 않는 한 중앙정부 차원의 정책적 방향 전환만으로 강원도가 일어설 수는 없기 때문이다.

본 연구는 정책 환경 변화와 지역의 주체 역량이 결합되어 강원도를 새롭게 탈바꿈하기 위해서 지금 우리가 힘을 합해 극복해야 할 과제가 어떠한 것인지를 제시하기 위한 문제의식에서 출발한다. 우리는 이 과제에서 전국적 수준, 광역적 수준, 지역적 수준이라는 3개의 정책 환경을 설정하고, 그 속에서 지역의 주체 역량이 정책 패러다임의 전환과 결합할 수 있는 실마리들을 모색하고 있다.

전국적 수준에서는 참여정부를 중심으로 하는 중앙정부의 지역혁신 및 균형발전 전략을 강원도의 입장에서 전반적으로 검토하고, 미래의 정책 방향을 제시하는 것이다.

광역적 수준에서는 춘천, 원주, 강릉이라는 3개 지역 및 그 인근 지역을 중심으로 강원도를 이끌어 갈 주체적 역량 형성과 정책적 과제들을 검토하는 것이다. 강원도는 다른 지역들과는 달리 주민의 경제사회 및 문화적 생활공간이 3개 지역을 축으로 형성되어 왔다. 성장 거점이 3개 지역으로 분산되고, 이에 따라 생활 및 문화적 유대가 분산적으로 분포하고 있는 강원지역의 특성상 이 지역들의 상호 이해 갈등을 조절하고, 통합의 비전을 성공적으로 제시하여 지역 발전을 추구하는 것이 광역적 차원에서 강원도의 균형발전 정책이 당면하고 있는 핵심 과제로 볼 수 있다.

마지막으로 우리는 소규모 시 · 군 및 마을 단위에서의 발전 전략 문제를 고민해야 한다. 강원도는 특정한 대도시에 인구가 집중되어 있지 않고, 광범위한 시 · 군에 걸쳐 비교적 낮은 밀도로 인구가 분산되어 있다. 게다가 이렇게 분산된 지역들은 거의 전부가 한국의 대표적인 낙후 지역들이다. 도시를 둘러싼 광대한 인근 지역들 대부분이 전국적 기준으로 볼 때에도 가장 낙후된 지역으로 산재하는 현실에서 이들 지역들의 낙후성을 극복하고, 미시 단위에서 새로운 성장 동력을 확보하지 못하는 한, 강원도의 낙후성을 극복할 수 있는 현실적 전략은 만들어질 수 없다. 본 연구를 통해 우리는 균형발전을 위한 강원도의 전략을 3개 층위에서 접근하고, 그 각각에 대한 평가를 도모한다. 그리고 이 속에서 지역균형발전을 위한 강원도의 차별적 전략이 어떠한 방식으로 구성될 수 있는지를 살펴보도록 하겠다.

본 연구는 다음과 같은 내용으로 구성된다. 문제의 설정에 이은 제2장에서는 지역 낙후성의 현실과 그 요인을 검토하고, 지역균형발전이라는 미래 지향적 시각에서 낙후성 극복을 위한 새로운 패러다임을 모색한다. 이어서 제3장에서는 참여정부가 국가적 차원에서 추진해 온 균형발전 정책과 지역혁신 전략에 대한 평가를 시도한다. 마지막으로 제4장에서는 춘천, 원주, 강릉이라는 3개의 지역 축과 그 인근의 시 · 군 및 마을 영역에서 지역적 특성과 지역혁신 진략의 새로운 방향을 모색해 본다.

2장 지역 불균형과 비수도권 낙후의 원인 및 전망

1. 지역 불균형의 실태

이 절에서는 삶의 중요한 몇 가지 측면에서 확인되는 수도권과 비수도권 간의 지역 불균형 실태를 살펴보려 한다.

(1) 인구적 측면

지역간의 모든 격차를 짐작하게 하는 핵심적인 지표는 '인구'라고 할 수 있다. 사람이 몰려 사는 곳에는 일자리도 많고, 이들의 경제 활동을 뒷받침해 주는 공공기관을 비롯한 수많은 생활 편의시설들이 들어서기 때문이다. 따라서 세부적인 비교 지표들에 근거해 살펴보기에 앞서 지역 상황들을 전체적으로 조망해 보고자 할 때 제일 먼저 살펴보는 변수가 인구다.

박정희 정권이 들어서기 직전인 1960년의 수도권 인구 비중은 20.8%에 불과했지만(국가균형발전위원회 · 건설교통부 외, 2005a) 본격적인 산업화 추진 이후 수도권 인구는 지난 40여 년간 2.2배에 이를 정도로 급속한 증가세를 보여 주었다. 마침내 수도권 인구는 2005년 전체 인구의 거의 절반에 육박했고, 특별한 정책적 조치가 없는 한 향후 더욱 늘어날 것으로 전망된다(〈표 1〉).

〈표 1〉 수도권 인구 추이

(단위: 천 명, %)

	1970	1980	1990	2000	2005	2010	2015	2020	2030
전국	32,241	38,124	42,869	47,008	48,294	49,220	49,803	49,956	49,329
수도권	9,126	13,544	18,342	21,747	23,336	24,572	25,512	26,133	26,602
구성비	28.3	35.5	42.8	46.3	48.3	49.9	51.2	52.3	53.9
경기	2,636	3,774	5,972	9,146	10,711	11,854	12,774	13,468	14,315
구성비	8.2	9.9	13.9	19.5	22.2	24.1	25.6	27.0	29.0

출처: 통계청, 『시도별 장래인구 특별추계 결과』(2005.4), http://www.nso.go.kr.

이 같은 우리나라 수도권 인구 증가 추이의 심각성은 다른 나라와 비교해 보더라도 쉽게 드러난다. 일본, 프랑스, 영국 등과 같은 주요 선진국들의 수도권 인구 추이는 우리보다 모두 낮은 수준에서 지난 30여 년간 거의 일정한 비중을 유지해 오고 있기 때문이다([그림 1]).

수도권으로의 인구 집중이 가속화되어 온 데 반해 강원도 인구는 계속 하락세를 보여 왔고, 곧 2%대로 추락할 것으로 예상된다. 〈표 2〉는 수도권의 인구가 과밀화되는 것과는 정반대로 강원도의 인구는 과소화되고 있고 앞으로도 그럴 것임을 보여 준다. 또 이 같은 전망은 향후 강원지역 도세(道勢)의 지속적인 약화와 지역적 낙후성의 심화 가능성을 시사한다.

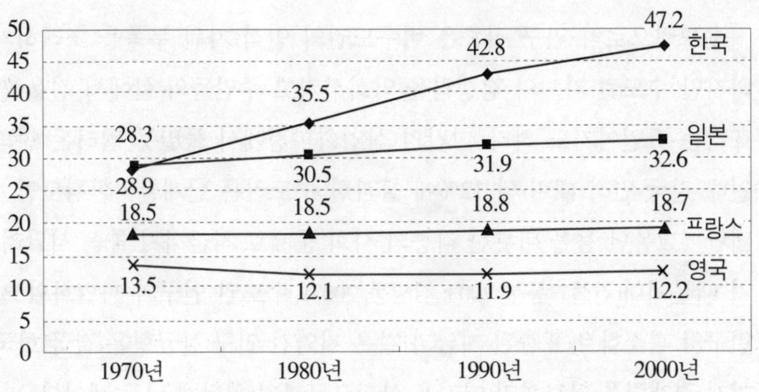

[그림 1] 수도권 인구 비중의 국제비교

출처: 국가균형발전위원회 · 건설교통부 외(2005a).

〈표 2〉 시도별 인구 구성비

(단위: %)

	1970	1980	1990	2000	2005	2010	2015	2020	2030
전국	100.0	100.0	100.0	100.0	100.0	100.0	100.0	100.0	100.0
서울	17.6	22.3	24.4	21.4	20.8	20.5	20.2	19.9	19.4
부산	6.3	8.7	8.9	7.9	7.5	7.2	7.0	6.9	6.6
대구	4.0	5.0	5.3	5.4	5.3	5.1	5.0	4.9	4.7
인천	2.5	3.3	4.4	5.4	5.4	5.4	5.4	5.4	5.5
광주	2.0	2.3	2.6	2.9	3.0	3.0	3.0	3.0	3.0
대전	1.7	2.2	2.4	3.0	3.0	3.1	3.1	3.2	3.3
울산	0.9	1.4	1.9	2.2	2.3	2.3	2.3	2.4	2.4
경기	8.2	9.9	13.9	19.5	22.2	24.1	25.6	27.0	29.0
강원	5.9	4.8	3.6	3.2	3.1	2.9	2.8	2.7	2.5
충북	4.7	3.8	3.2	3.2	3.1	3.0	2.9	2.9	2.8
충남	7.4	5.7	4.6	4.0	3.9	4.0	4.1	4.2	4.3
전북	7.7	6.1	4.8	4.1	3.8	3.5	3.2	3.0	2.7
전남	10.7	7.8	5.8	4.3	3.8	3.5	3.2	2.9	2.5
경북	10.5	8.3	6.4	5.9	5.5	5.1	4.8	4.6	4.2
경남	8.7	7.2	6.5	6.5	6.4	6.3	6.2	6.1	5.9
제주	1.2	1.2	1.2	1.1	1.1	1.1	1.1	1.1	1.1
수도권	28.3	35.5	42.8	46.3	48.3	49.9	51.2	52.3	53.9
7대도시	35.1	45.1	50.0	48.2	47.1	46.5	46.0	45.6	44.9

출처: 통계청, 『시도별 장래인구 특별추계 결과』(2005.4), http://www.nso.go.kr.

수도권으로의 인구 집중은 비수도권의 인적 자원 부족을 초래하기도 하지만 수도권 자체의 경쟁력을 약화시키고 주민들의 삶에서 질을 떨어뜨리는 요인이기도 하다. 그간의 산업화과정에서 물밀듯 밀려든 인파로 인해 전국 면적 대비 약 12%에 불과한 수도권은 난개발 · 환경오염 · 주택난 · 교통난 등을 비롯한 각종의 사회 문제로 지금까지 줄곧 시달려 왔기 때문이다(건설교통부, 2003; 김원동, 2003). 수도권 인구의 과밀화와 지방 인구의 과소화로 표출된 지금과 같은 지역간 인구 불균형은 결국 한국의 미래 경쟁력을 담보하기 어려운 상황으로까지 치닫게 만든 셈이다.

(2) 정치적 측면

우리나라는 해방 이후, 특히 박정희 정권 이후로 강력한 중앙집권적 국가운영체제를 구축해 왔다. 그 저변에는 국가 주도의 산업화 정책이 일사불란하게 추진되기 위해서는 무엇보다도 중앙정부가 힘이 있어야 한다는 주장이 내재해 있다.

이러한 명분 아래 우리의 중앙정부는 경제 성장에 필요한 국내외의 자원들을 동원하고 배분하는 권력 행사의 중심에 서서 사회 전반에 걸쳐 막강한 영향력을 행사해 온 것이다. 이 과정에서 중앙정부를 제어할 수 있는 제대로 된 제도적 장치는 깃들 여지가 없었다. 무엇보다도 권위주의적 정치 환경으로 인해 의회정치나 사회 운동이 활성화될 수 없었기 때문이다. 그러다 보니 정당이나 국회 또는 시민에 의한 중앙정부 견제는 공허한 말잔치로 끝날 수밖에 없었다.

'정치의 실종'이라는 자조 섞인 평가들이 우리 주위를 수없이 맴돌았던 것도 이러한 시대적 상황의 반영이라고 할 수 있다. 결국 국민의 민주적 욕구를 물리적 강제력과 이념적 통제를 토대로 억압해 온 권위주의 정권들이 오랜 세월을 국민 위에 군림하면서 정치적 권력을 독점해 온 것이다. 그런데 문제는 '문민정부', '국민의 정부'를 거쳐 '참여정부'로 이어지는 탈권위주의 시대를 맞고 있음에도 불구하고 우리 사회는 여전히 중앙집권적 국가체제를 탈피하지 못하고 있다는 점이다.

참여정부가 '지방분권로드맵'에서 밝힌 바 있는 지방분권의 실태가 이를 단적으로 보여 준다([그림 2]).

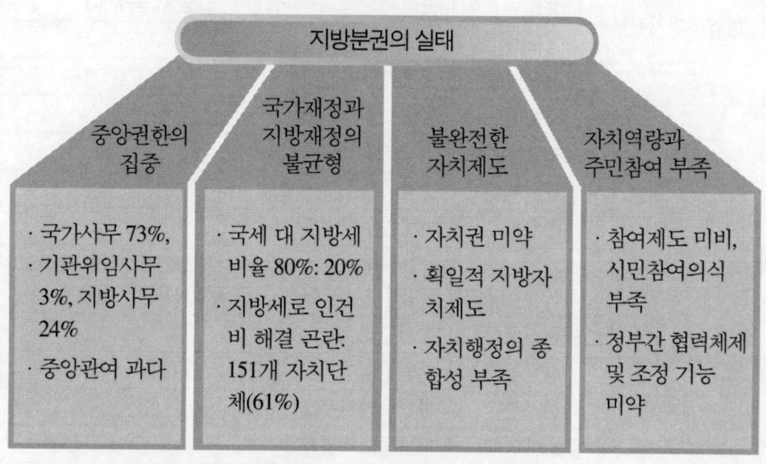

[그림 2] 지방분권의 실태

출처: 정부혁신지방분권위원회, '지방분권로드맵' (http://www.innovation.go.kr).

이같이 정부의 자체 진단에서도 볼 수 있듯이 권한과 재원이 아직도 중앙정부에 집중되어 있다. 이는 곧 지방자치의 기반이 매우 취약하고 그로 인해 분권개혁이 절실히 요구되고 있음을 의미하는 것이다. 중앙정부가 국가 운영의 핵심적인 기능들을 장악한 가운데 지방을 통제하고 있음을 보여 주는 또 다른 대표적인 지표는 '특별지방행정기관'에서 찾을 수 있다.

〈표 3〉 특별지방행정기관의 유형별 실태

유형	소속 부처	기관명(1, 2, 3차)
노동행정기관	노동부	지방노동청(지방노동사무소)
세무행정기관	국세청	지방국세청(세무서, 지서)
	관세청	세관(출장소, 감시소)
공안행정기관	법무부	지방교정청, 출입국관리사무소(출장소), 외국인보호소, 보호관찰소(지소)
	검찰청	고등검찰청, 지방검찰청(지청)
	경찰청	지방경찰청, 경찰서, 파출소, 해양경찰청(지서)
현업행정기관	정통부	지방체신청, 우체국(분국, 집중국, 운송국)
	철도청	지방철도청
기타행정기관	공정거래위	지방공정거래사무소
	보훈청	지방보훈청(지청)
	조달청	지방조달청(출장소)
	통계청	통계사무소(출장소)
	병무청	지방병무청(병무지청)
	농림부	농업통계사무소(출장소), 국립농산물검사소(출장소), 국립동물검역소(출장소), 국립식물검역소(출장소)
	농촌진흥청	종자관리소
	산림청	지방산림청, 국유림관리소, 산림토목사업소
	산자부	광산보안사무소
	중소기업청	지방중소기업청
	보건복지부	국립검역소(지소)
	식품의약품안전청	지방식품의약품청(수입식품검사소)
	환경부	지방환경청(출장소)
	건설교통부	지방국토관리청(건설사무소), 홍수통제소, 지방항공청
	해양수산부	지방해양청(어촌지도소, 출장소), 지방해난심판원, 해양조사사무소, 구립수산물검사소지소

출처: 김의식(2002: 22).

〈표 3〉에서 보듯, 통일부, 외교통상부, 기획예산처 등 극히 일부를 빼고는 대다수의 중앙부처들이 지방에 독자적인 특별지방행정기관을 설치하여 전국적 업무 외에도 지방적 업무까지 거의 모든 행정 영역에서 직접 업무를 집행하고 있음을 알 수 있다(성경륭, 2003: 66~67). 특별지방행정기관의 대부분은 사실 지방자치제 실시 이전에 설치되었고, 지방자치제 실시 이후 많은 국가 기능이 지방으로 이양되었기 때문에 기능 조정이 수반되어야 마땅함에도 불구하고 종래의 기능을 거의 그대로 유지한 채 존속되고 있는 셈[1] 이다(김의식, 2002: 17).

이와 같이 전국을 장악하고 있는 중앙권력 핵심기구들의 소재지를 보면, 거의 대부분이 수도권, 특히 서울에 위치해 있다. 중앙행정기관의 부처들은 말할 것도 없고 청와대, 국회, 대법원, 헌법재판소 등도 모두 서울에 터를 잡고 있다. 행정부, 입법부, 사법부 할 것 같이 중앙권력의 사령탑은 전부 서울에 뿌리를 내리고 있다고 해도 과언이 아니다.

(3) 행정적 · 경제적 · 교육적 측면

우리나라의 수도권은 행정적 · 경제적 측면에서도 자원 집중도가 매우 높다. 행정적 · 경제적 차원뿐만 아니라 정치적 차원까지 묶어서 이를 종합적으로 보여 줄 수 있는 대표적인 지표가 바로 '공공기관'이다. "국가균형발전특별법" 상의 공공기관은 전국적으로 모두 410개다. 그 유형은 중앙행정기관을 비롯해서 교육 · 연수기관, 정부 산하 연구기관, 정부

1) 특별지방행정기관의 존치는 그에 따른 중앙정부와 자치단체의 업무중복, 행정력 낭비, 예산 집행의 비효율성, 종합지방행정기관으로서의 지방자치단체의 기능 제약, 책임행정의 불완전성, 지방의 자율적 발전 저해 등과 같은 수많은 역기능을 낳고 있다(감의식, 2002; 성경륭, 2003; 진재구, 2002).

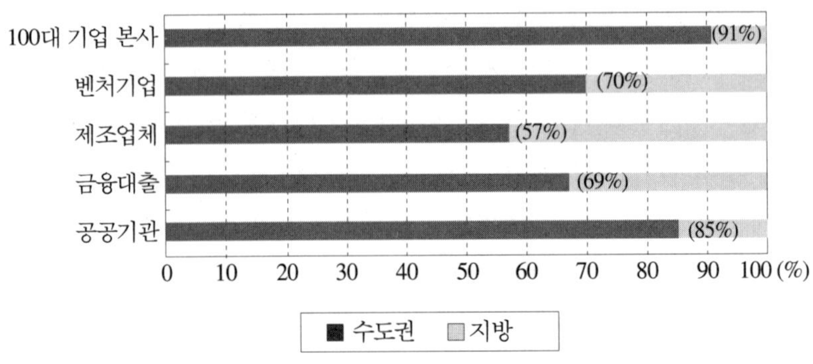

[그림 3] 경제 및 행정 기능의 수도권 집중 현황
출처: 국가균형발전위원회 · 건설교통부 외(2005).

출연 재단 또는 기금, 정부 각 부처의 소속 위원회, 정부투자기관, 공공법인 등으로 나뉘어 매우 다양한 편이다(건설교통부 · 국가균형발전위원회 외, 2005).

[그림 3]에도 예시되어 있듯이, 이 가운데 약 85%에 해당하는 346개 기관이 현재 수도권에 위치해 있다는 점이다(건설교통부 · 국가균형발전위원회 외, 2005). 이와 같이 행정적 · 정치적 · 경제적으로 막강한 영향력을 행사하는 공공기관의 상당수가 수도권에 포진해 있기 때문에 수도권 이외의 지방은 자연히 이 점에서도 구조적 취약성을 벗어나지 못하고 있다.

100대 기업 본사, 벤처기업, 제조업체, 금융대출 등의 실태에서 보듯, 수도권의 경제적 기능 집중과 그로 인한 수도권과 지방 간의 불균형은 매우 심각한 상태다. 이뿐만 아니라 우리나라 500대 기업의 81.6%, 전문직 · 기술직 · 행정직 종사자의 61.7%도 수도권에 집중되어 있다(『중앙일보』, 2003. 8. 8; 산업자원부 · 산업연구원 국가균형발전연구센터, 2003).

교육 여건에서도 수도권과 지방의 격차는 크다. 교육은 사실 지방이 수도권에 비해 가장 불리한 것으로 인식되는 부문이기도 하다. '학력사회'

인 한국 사회에서 교육이 갖는 사회적 의미[2] 를 고려한다면, 교육 환경의 지역간 격차는 수도권과 비수도권 간의 불균형을 심화시키는 결정적인 계기로 작용해 왔다고 볼 수 있다. 우선 수도권과 비수도권 간의 대학 분포 실태가 어떠한지에 대해 살펴볼 필요가 있다. 하나의 실례로 2000년과 2005년의 4년제 대학 분포 상황을 보면, 수도권의 인구 비중에 비해 수도권 소재의 대학이나 학생의 숫자는 오히려 적은 편이다(〈표 4〉).

〈표 4〉 수도권의 4년제 대학의 현황

(단위: %)

	대학		전국 대비 수도권 인구 비율*
	대학 숫자 비율	재학생 수 비율	
2000	41.0(66/161)	39.2 (653,128/1,665,398)	46.3
2005	39.3(68/173)	39.2 (495,816/1,263,932)	48.3

주1: 합산에서 분교 숫자는 제외함.

주2: ( )안의 숫자는 실수(實數).

주3: *는 통계청, 『시도별 장래인구 특별추계 결과』(2005.4), http://www.nso.go.kr.

출처: 통계청, http://kosis.nso.go.kr에서 발췌하여 재구성.

---

2) 우리 사회에서 교육은 이미 '사회이동'의 수단만이 아니라 '계급재생산'의 통로로 자리를 굳혔다고 볼 수 있다. 특히 대학이 수직적으로 서열화되어 있는 우리의 대학 현실에서 명문대학 졸업증은 졸업생들에게 자신들의 개인적 능력 이상의 기득권을 향유할 수 있게끔 막대한 '사회적 자본'을 제공한다(김종엽, 2003). 일부 명문대학 졸업생들이 사회 모든 영역에서 엘리트 자리를 독점하다시피 하면서 동문 네트워크를 통해 암묵적으로 개인적 능력 이상의 혜택을 주고받는 경향을 보인다는 것이다. 이처럼 학력, 그중에서도 명문대학 졸업장은 사회적 공인과 고부가가치를 갖기 때문에, 우리 사회에서 어느 정도의 교육을 받느냐는 것과 더불어 어떤 학교에서 교육을 받느냐 하는 것은 모두에게 지대한 사회적 관심사가 되지 않을 수 없다(김원동, 2005).

하지만 우리가 주목해야 할 것은 이러한 양적 차이의 이면에 가려져 있는 대학의 질적 차이다. 수도권에는 이른바 'SKY대학'을 비롯한 명문대학들이 밀집해 있기 때문이다. 한 가지 실례로 중앙일보가 실시한 2004년 대학평가 종합순위 중 10위까지를 살펴보면 〈표 5〉와 같다.

〈표 5〉 전국대학 종합평가 순위

(2004년)

순위	1	2	3	4	5	6	7	8	9	
대학명	포항공대	KAIST	서울대	연세대	고려대	성균관대	한양대	서강대	이화여대	인하대

출처: 『중앙일보』(2004. 9. 20), http://www.joins.com에서 검색.

포항공대와 KAIST(한국과학기술원)를 빼면 나머지 8개교가 모두 수도권 소재 대학임을 알 수 있다. 사회 진출과 바로 맞닿아 있는 명문 고등교육기관의 수도권 집중은 수도권의 인재 집적과 그와 상반된 지방 인재의 유출 및 고갈을 지속적으로 촉진해 온 결정적인 요인이다. 지방의 우수한 고등학교 졸업자들 중 상당수가 대학 입시를 매개로 수도권의 명문대학에 진학하고 졸업 후에는 수도권에서 취업해 눌러 사는 게 일반적이다. 설령 졸업 후 지방으로 되돌아가고자 한다 해도, 지방에는 이들을 수용할 만한 고용구조가 마련되어 있지 않기 때문에 출향 인재의 고향 복귀는 특별한 경우를 제외한다면 현실적으로 어렵다.

이 같은 현상은 수도권과 지방 간의 경제 여건의 불균형으로 지방의 경제적 기반이 매우 취약한 데 원인이 있다. 이와 같이 지방의 발전 잠재력이라고 할 수 있는 인재들이 대학 진학을 계기로 지방에서 조기에 유출되는 현상이 이어짐으로써 지방의 고급 인적 자원의 기반은 날로 고갈되고 있다. 게다가 지방대학에서 육성한 인재들도 비수도권 지역에 일자리가 없어서 졸업 후에는 어쩔 수 없이 취업을 위해 수도권으로 이주하는 현상이 매년 반복되어 나타나고 있다. 수도권과 비수도권 간의 경제 여건의 현격한 차이가 지방대학 졸업생들마저도 수도권으로 진입하도록 강요하는 구조적 요인이 되고 있는 것이다.

2. 비수도권의 낙후 원인과 전망 및 대안

지역 불균형은 수도권과 비수도권이 대조적 양상을 보이며, 특히 비수도권의 낙후를 가져온다. 이 절에서는 이러한 원인과 전망 및 대안을 살펴보려 한다.

(1) 낙후 원인

비수도권 지역의 낙후를 야기한 1차적인 원인은 수도권 중심으로 추진되어 온 그간의 불균형 성장 전략에서 찾을 수 있다. 다시 말해 지난 40여 년간 진행된 중앙정부 주도의 산업화 정책이 오늘날과 같은 지방의 낙후를 가져왔다고 할 수 있다. 지방의 저발전을 초래한 또 한 가지의 주된 원인은 중앙집권적 국가 운영체제에 있다고 볼 수 있다. 중앙정부가 모든 권한과 자원을 틀어쥐고 있는 구조적 환경에서 지방정부가 주도적으로 나서서 자율적인 지역 발전을 실현할 가능성은 거의 희박하기 때문이다. 이처럼 막강한 중앙정부 주도에 의한 수도권 중심의 불균형 성장 정책이 그간의 산업화과정에서 인구뿐 아니라 정치 · 행정 · 경제 · 교육 등 사회 모든 영역에서 수도권으로의 기능 집중과 그에 따른 지방과의 발전 격차

를 초래한 것이다.[3)]

물론 지방의 낙후성이 전적으로 이러한 외적 요인들에서 비롯된 것이라고 단정할 수는 없다. 비록 주변의 여건이 불리하더라도 지방의 자구 노력이 치열했다면, 지금과는 좀더 다른 모습을 보였을 가능성도 없지 않기 때문이다. 이런 맥락에서 지역혁신 역량의 강화 필요성이 제기됨은 자연스러운 일이다. 그럼에도 불구하고 비수도권 지역의 전반적인 침체의 주된 원인은 강력한 중앙정부 주도의 불균등 성장 전략에 있음을 부인하기는 어렵다.

비수도권의 낙후 원인에 대한 이와 같은 진단은 여러 측면에서 벌어져 있는 수도권과 비수도권 간의 불균형을 해소하고 국토의 효율적 이용을 도모하려는 특단의 정치적 · 정책적 조치가 없이는 한국의 미래 경쟁력을 담보하기 어렵다는 전망으로 이어진다. 별다른 획기적인 조치가 없는 한, 수도권의 경쟁력 약화는 물론, 비수도권의 낙후도 더욱 심화될 것임은 자명하기 때문이다. 이러한 전망과 문제의식에서 나온 현 정부의 대안이 '국가균형발전'과 '지방분권' 정책이다. 국가균형발전과 지방분권은 참여정부가 추진하고 있는 국정기조의 양대 기둥이라고 해도 과언이 아니다.

그 같은 방향에서 시도된 대안 모색의 첫 조치는 국가균형발전과 지방분권을 국가 정책적 차원에서 추진하기 위한 법적 환경의 조성으로 구체화되었다. 우여곡절 끝에 2003년 12월 29일 국회 통과로 결실을 본 이른바 '지방 살리기 3대 특별법'이라고 불리는 「국가균형발전특별법」, 「지방분권특별법」, 「신행정수도의 건설을 위한 특별조치법」의 제정이 그것이

3) 지방의 정체와 경쟁력 고갈도 문제지만 경쟁력과 삶의 질이라는 차원에서 바라볼 때 수도권의 현실도 우려를 낳고 있음에 유의할 필요가 있다. 사회적 제반 기능과 자원의 집중으로 수도권이 상당한 지역 발전 잠재력을 축적해 온 것도 사실이지만 이제는 그 단계를 넘어 오히려 초과밀화에 따른 막대한 사회적 비용을 떠안게 되었기 때문이다. 그로 인해 수도권의 경쟁력도 날로 악화되고 있는 것이다.

다(김원동, 2004a). 이 중 「신행정수도의 건설을 위한 특별조치법」은 2004년 10월 21일 헌법재판소의 위헌 결정으로 폐기되었으나 이를 대체하는 「행정중심복합도시 건설을 위한 특별법」이 2005년 3월 2일 국회 본회의에서 가결됨(신행정수도후속대책위원회, 2005)으로써 다소 수정된 형태이기는 하나 원래의 구상에 입각한 국가균형발전을 위한 법적 정비가 이루어졌다.

분산 · 분권개혁은 이 같은 3대 특별법에 근거해 국가균형발전위원회, 정부혁신지방분권위원회, 행정중심복합도시건설추진위원회 등과 같은 3개 위원회 조직을 중심으로 추진되고 있다.

정부혁신지방분권위원회는 지방분권을 통해 지방정부의 자율성 제고에 기초한 자립적 지방화를 실현하고자 한다.

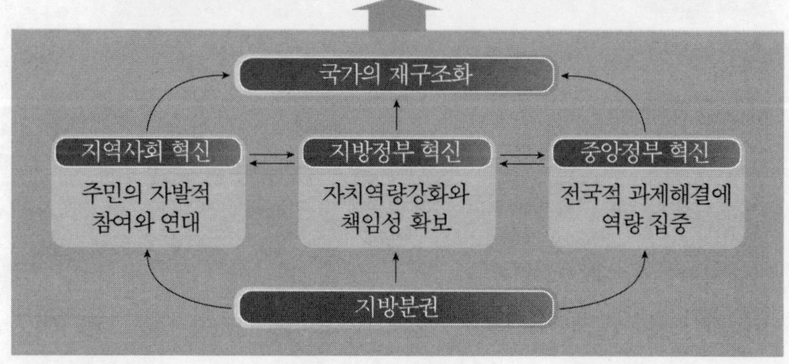

[그림 4] 지방분권의 비전

출처: 정부혁신지방분권위원회, '지방분권로드맵', http://www.innovation.go.kr.

[그림 4]에서 보듯, 지방분권 정책의 비전은 중앙권한의 지방정부로의 이관을 통해 지방에 책임성과 자율성을 높이고 활기를 불어넣음으로써 아래로부터의 혁신에 바탕을 둔 '분권형 선진국가'를 구현하겠다는 것이다. 국가권력구조를 '중앙집권형'에서 '분권형'으로 바꾸겠다는 야심찬 시도인 셈이다. 참여정부는 이러한 비전을 실현하기 위한 지방분권 정책 추진상의 원칙과 전략도 밝혔다.

[그림 5]에 요약되어 있듯이, 지방에 대한 신뢰를 바탕으로 기초자치단체에 초점을 맞춘 포괄적인 사무 이양을 먼저 추진하면서 미비점들을 보완해 나가겠다는 원칙을 세운 것이다. 이러한 원칙에 따라 국민적 여론수렴을 전제로 재정분권을 비롯한 선도과제들을 우선적으로 추진함으로써 중앙정부 권한의 획기적인 지방이양을 성사시키겠다는 추진 전략도 명시했다.

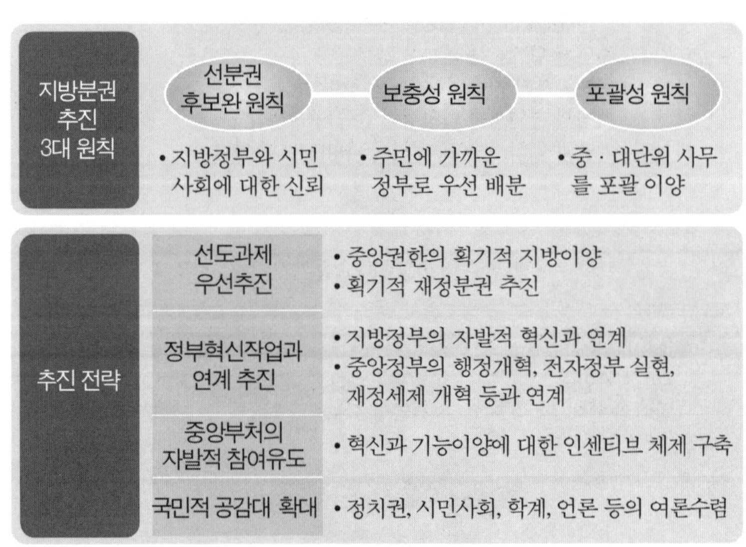

[그림 5] 지방분권의 추진 원칙 및 전략

출처: 정부혁신지방분권위원회, '지방분권로드맵', http://www.innovation.go.kr.

하지만 이와 같은 지방분권의 비전, 추진 원칙, 추진 전략 등에도 불구하고 2005년 10월 현재 분권개혁은 제대로 진척된 것이 거의 없다고 해도 과언이 아니다. 특별지방행정기관의 지방자치단체로의 이관도 이루어진 게 없고, 중앙정부의 사무를 지방정부로 효율적으로 이양하기 위해 계획했던 '일괄이양법'도 제정되지 못한 상태이기 때문이다. 그나마 성과를 들자면, 주민투표법의 제정에 따라 주민투표제가 도입되고 주민소송제가 시행될 수 있게 된 점이다.

1994년의 개정 지방자치법은 "지방자치단체의 장은 지방자치단체의 폐치(廢置) · 분합(分合) 또는 주민에게 과도한 부담을 주거나 중대한 영향을 미치는 지방자치단체의 주요 결정사항 등에 대하여 주민투표에 붙일 수 있다"(『지방자치법』, http://www.moleg.go.kr)라고 규정함으로써 주민투표제를 신설한 바 있다. 하지만 지방자치법에서는 그와 동시에 "주민투표의 대상 · 발의자 · 발의요건 · 기타 투표절차 등에 관하여는 따로 법률로 정한다"라고 명시해 놓고 정작 '주민투표법'을 제정하지 않아 주민투표제의 실질적인 도입은 유보된 채 방치되어 왔다. '주민투표법'이 제정되기 이전에도 물론 일부 의원들에 의해 주민투표법안이 국회에서 두 번이나 제안된 적이 있다. 그러나 그때마다 입법화되지 못하고 국회 임기 만료로 자동폐기되있다(손봉숙 · 안정시, 2002; 행정자치부, 2004b). 그러다 2003년 12월 29일 마침내 '주민투표법'이 제정되었고, 2004년 7월 발효되어 시행에 들어가게 된 것이다.

한편, "지방자치단체의 위법한 재무회계행위에 대해 지역 주민이 자신의 개인적 권리 · 이익의 침해와 관계없이 그 위법한 행위의 시정을 법원에 청구할 수 있는 제도"인 '주민소송제'가 2005년 1월 27일 「지방자치법」의 개정을 통해 공포되었고, 도입을 위한 체계적인 준비작업을 거쳐 2006년 1월부터 전 지방자치단체에서 시행될 예정이다(행정자치부, 2005a, 2005b). 아직 주민소환제의 과제가 남아 있기는 하지만 주민투표제, 주민소환제의 도입으로 주민 직접 참여제도가 대폭 강화되었다는 점에서 지방자치가 진일보했다는 평가도 가능하다.

실제로 지난 7월에는 제주도 행정구조 개편안이 주민투표에 붙여져 '단일광역자치안'이 통과됨으로써 주민들이 지역공동체의 중요한 사안을 직접 결정하는 사례가 되었다. 그럼에도 불구하고 현재의 지방분권개혁은 추진 원칙에서 천명한 대로 '선분권 후보완의 원칙'에 따라 지방의 책임성 확보를 위한 주민직접참여제도의 도입에 앞서 중앙정부의 권한을 지방정부로 과감하게 이행하는 조치를 취해야 한다는 비판적 지적(오재일, 2005)에 제대로 대응하지 못하고 있다. 따라서 지방의 낙후성 극복과 자율적 발전의 촉진을 위해 현 정부가 계획한 분권개혁이 올바른 처방전으로서의 역할을 할 수 있으려면 원안대로 특별지방행정기관을 비롯한 중앙정부의 권한들을 지방으로 조속히 이양하려는 법적 · 제도적 조치들을 서둘러야 한다.

지방 차원에서는 현 정부 임기 내에 이런 요구가 최대한 관철될 수 있도록 촉구하되 성과가 미진할 경우에는 2007년 대선 정국에서 분권개혁을 핵심적인 선거 쟁점으로 부각시키는 전략을 대안으로 강구할 필요가 있어 보인다. 그래서 다음 정권에서는 분권개혁이 국정기조로 보다 강력하게 추진될 수 있도록 시민 운동단체들을 중심으로 지방의 운동 역량을 집중시키고 연대 운동의 네트워크를 강화하는 방향의 운동 전략을 설정해야 할 것으로 보인다.

(2) 전망 및 대안

분권개혁의 현주소와 향후 모색해야 할 대안의 방향이 이렇다면, 분산개혁의 목표와 추진 실태 및 전망은 어떤가. 그러한 전망을 전제로 검토해 보아야 할 또 다른 대안의 방향이 있다면 그것은 어떤 것이어야 하는가.

앞서 언급한 것처럼, 분권개혁 전선에서는 차질이 많이 빚어진 편이기 때문에 현 정부의 '분권형 균형발전사회'의 이념이 성과를 거두기 위해서

〈표 6〉 지역 활성화를 위한 주요 정책과 정책 목적 및 주관 부처

구분	정책명	주요 목적	주관 부처
글로벌 특구 조성 (제I그룹)	제주국제자유도시(2002)	국내 · 외 투자 유치 및 관광 개발	건교부
	경제자유구역(2003)	외국인 투자 유치	재경부
	대덕연구개발특구(2005)	외국 기업 및 R&D 기관 유치	과기부
	지역산업진흥사업(1999)	지역전략산업 육성	산자부
지역산업 진흥 (제II그룹)	지방문화산업 클러스터(2001)	지역문화산업 육성	문광부
	벤처기업육성촉진지구(2001)	벤처기업 집적지 조성	산자부 (중기청)
	지역 소프트타운(2002)	지역 S/W 산업 육성	정통부
	혁신 클러스터(2004)	산업단지의 혁신 클러스터화	산자부
	기업도시(2004)	기업투자 유치 통한 도시개발	건교부
	혁신도시	공공기관 지방이전 활용 도시개발	건교부
낙후 지역 개발 (제III그룹)	개발촉진지구(1996)	낙후 지역개발	건교부
	소도읍육성(2003)	소도읍을 지역사회의 중추도시로 육성	행자부
	신활력지역(2004)	낙후 지역개발	행자부
농어촌 지원 (제IV그룹)	정보화 마을(2001)	정보격차해소 및 지역정보 기반구축	행자부
	농어촌체험마을(2002)	도농교류 통한 농가소득원 확보	농림부
	지역특화발전특구(2004)	지역 특성에 따른 규제 특례	재경부

주1: ( )는 각 정책의 도입 시기.

주2: 제I그룹은 매우 제한적으로 특정한 경계를 획정하여 투자자에게 인센티브를 부여하는 그룹, 제II그룹은 지역별 집적지 및 클러스터를 조성하여 지역 특화적인 산업 발전을 촉진하려는 그룹, 제III그룹은 낙후도가 심한 지역을 선정해 대규모 투자를 하는 그룹, 제IV그룹은 농어촌지역을 상대로 소규모의 단기 사업을 순차적으로 시행하는 그룹을 의미함.

출처: 송영필 · 이언오(2005)의 p.9와 p.14의 표를 종합하여 재구성.

는 일단 지역균형발전 시책에 좀더 기대를 걸 수밖에 없는 상황이다. 국가균형발전 정책은 현 정부의 출범 이후 본격적으로 실시된 것이지만 정권 출범 이전부터도 중앙의 여러 부처에서 '지역활성화'를 겨냥한 국가균형발전 관련 정책들이 매우 다양하게 추진되어 왔다(〈표 6〉).

이 같은 사업들 중에서 현 정부의 대표적인 국가균형발전 시책으로 꼽을 수 있는 것은 낙후 지역 개발에 초점을 둔 '신활력 사업'과 공공기관의 지방이전을 위한 '혁신도시 건설 사업'이다. 균형발전 정책이 적용될 해당 지역의 '발전정도'와 '범위'를 기준으로 이들 사업이 차지하는 위치를 살펴보면, 두 사업 모두 시 · 군 · 구 단위의 낙후 지역을 대상으로 한 것임을 알 수 있다([그림 6]).

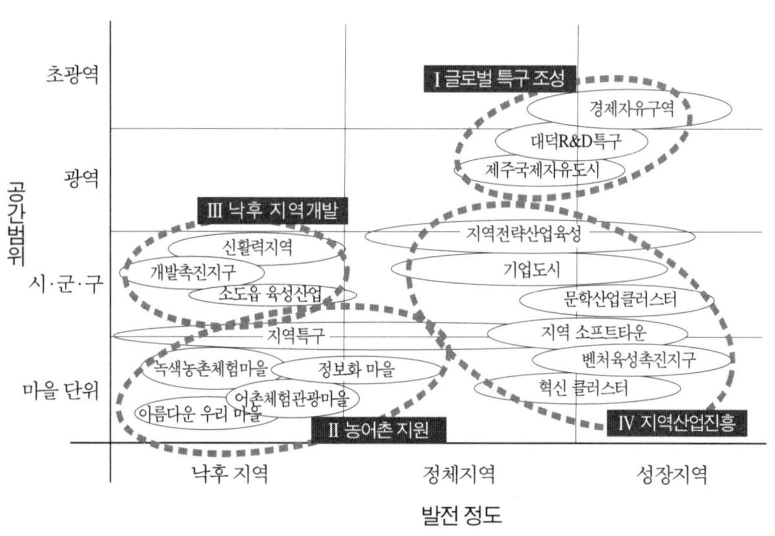

[그림 6] 공간범위와 발전 정도에 의한 지역 활성화 정책의 유형 구분

출처: 송영필 · 이언오(2005: 12).

신활력 사업은 낙후 지역의 지방자치단체가 포괄적인 자율권을 갖고 지역 내외의 혁신 주체들의 역량을 집결한 '지역혁신체계'(RIS, Regional Innovation System)를 구축하여 내적 혁신 역량을 강화하면서 지역 특성에 맞는 지역 발전을 스스로 도모할 수 있도록 지원하는 사업이다. 다시 말해 신활력 사업은 낙후된 지역이 이 사업을 계기로 활력이 넘치는 새로운 지역으로 변모될 수 있도록 유도하기 위한 사업이다. 전국 234개 기초자치단체 중 가장 낙후된 지역 70개(약 30%)가 2005년부터 앞으로 3년간 1차로 지원을 받을 사업 대상으로 선정되어 사업이 진행되고 있다(국가균형발전위원회, 2005a; 〈표 7〉).

〈표 7〉 신활력 사업 선정 시 · 군 현황

시 · 도	시 · 군 수	시 · 군 현황
인천	2	옹진군, 강화군
강원	12	화천군, 양구군, 인제군, 영월군, 정선군, 양양군, 고성군, 홍천군, 태백시, 횡성군, 평창군, 철원군
충북	5	보은군, 괴산군, 영동군, 증평군, 단양군
충남	3	청양군, 금산군, 부여군
전북	9	진안군, 임실군, 순창군, 무주군, 장수군, 고창군, 부안군, 남원시, 김제시
전남	17	곡성군, 신안군, 구례군, 보성군, 장흥군, 강진군, 진도군, 고흥군, 완도군, 담양군, 해남군, 함평군, 화순군, 무안군, 장성군, 나주시, 영암군
경북	13	군위군, 청송군, 영양군, 봉화군, 울릉군, 영덕군, 예천군, 의성군, 청도군, 성주군, 상주시, 문경시, 고령군
경남	9	의령군, 함양군, 산청군, 합천군, 남해군, 거창군, 하동군, 창녕군, 고성군
계	70	

출처: 국가균형발전위원회(2005a).

신활력 사업은 강원도의 12개 시 · 군을 비롯해서 전국의 70개 기초자치단체에서 이제 막 시작한 사업이나 다름없기 때문에 아직 이렇다 할 평가나 전망을 하기는 어려운 듯하다. 하지만 공공기관 이전을 위한 혁신도시 건설 사업은 선정 단계에서부터 지방사회에 파문을 일으키고 있어 우려를 낳고 있다.

정부는 2005년 6월 24일 수도권 소재의 공공기관 중 수도권과 대전을 제외한 12개 광역시 · 도로 이전할 176개 기관을 선정해 발표했다. 공공기관이 이주하는 지역마다 공공기관과 해당 지역의 산 · 학 · 연 · 관이 유기적인 네트워크를 형성하여 지역의 특성화 발전을 통해 이른바 '자립형 지방화'를 조기에 달성할 수 있도록 하기 위한 국가균형발전 시책이 모습을 드러낸 것이다(국가균형발전위원회 · 건설교통부 외, 2005; 국가균형발전위원회 · 건설교통부, 2005). 176개 기관의 전국적인 배치 계획은 지방사회에서 별 탈 없이 수용된 편이었지만 문제는 그 다음 단계에서 터졌다. 광역시 · 도별로 1개의 혁신도시를 선정해서 그곳으로 이주 예정 공공기관을 모두 가도록 방침을 정함으로써 비수도권의 12개 광역권이 하나같이 과열 유치 경쟁에 휘말려 버리고 만 것이다. 상당수의 지역에서 유치 경쟁이 지나친 소지역간 세(勢)대결의 양상으로 치달으면서 지역 갈등과 분열을 증폭시키고 있고 선정 작업 자체도 난항을 겪고 있다. 이로 인해 혁신도시 선정 이후에 벌어질 후유증도 만만치 않을 것으로 전망된다. 혁신도시 선정 문제로 권역마다 소지역간 갈등의 골이 깊어질 경우에는 향후 본격화될 공공기관의 이전 작업에서 지방의 권역별 역량이 분산되어 예상되는 이전 반대 세력들의 지속적인 공세에 효과적으로 대응하기도 어려울 것으로 예상된다.

이와 같은 지방의 분열과 추진 동력의 약화 가능성과 함께 2006년 지방선거, 2007년 대선, 새로운 정권의 출범으로 이어질 일련의 정치 일정, 잠복되어 있는 이전 예정 공공기관 노조의 반발 가능성 등을 전체적으로 고려해 본다면, 현 단계에서 국가균형발전위원회를 중심으로 한 중앙정부는 이에 대한 또 다른 대안들을 진지하게 모색해야 할 때라고 생각된다. 이를테면, 모든 공공기관을 무조건 혁신도시로 이전하도록 강제할 것이 아니라 지역별 특성과 지역의 결정을 존중하는 바탕 위에서 일부 개별 이전을 허용하는 유연성을 가질 필요가 있다.

또 앞서 살펴본 바와 같이 정부 각 부처별로 추진되고 있는 지역균형발전 시책들에 대한 종합적인 점검을 통해 혁신도시 유치 경쟁에서 탈락한 지역들의 심기일전을 가능케 할 대안적 지역 활성화 정책들을 동시에 제시할 수 있도록 준비해야 할 것이다. 이때의 대안적 정책은 혁신도시에 선정된 지역들을 일단 제외한 여타 지역들의 혁신 잠재력과 지역 발전 의지를 극대화할 수 있도록 하는 것이어야 함은 물론이다.

3장 정부의 국가균형발전 정책과 지역혁신 전략의 평가

1. 국가계획의 검토

참여정부의 출범 후 국가균형발전 정책은 적극적, 다각적으로 추진되었으며, 이에 따른 성과와 더불어 문제점도 발생되었다.

(1) 참여정부의 정책 전환

지난 2003년 2월 25일 노무현 대통령의 취임을 시작으로 참여정부가 출범한 지 3년이 지났다. 참여정부는 그동안 많은 위기와 변화를 겪어 왔다. 2004년 3월 12일 헌정 사상 처음으로 국회에서 대통령 탄핵안이 의결되었고, 헌법재판소는 이 탄핵안을 기각하였다.

헌법재판소는 2004년 10월 21일 「신행정수도건설특별법」을 관습헌법에 위배된다는 이유로 위헌을 선고하였고, 참여정부 출범 이후 의욕적으로 추진해 오던 신행정수도 건설 사업은 일시 중단되었고, 여야의 합의 아래 「행정중심복합도시건설법」으로 대체되었다.

참여정부는 출범 이후 지금까지 국가균형발전과 지역혁신 정책을 통해 제2의 국가 도약이라는 비전을 제시해 오고 있다. 이러한 정책들의 목표는 지역혁신체계(RIS)에 기반한 역동적 지역 발전에 두고 있으며, 중점적으로 추진하고 있는 정책의 방향은 첫째 혁신 주도형 발전 기반 구축, 둘째 낙후 지역 자립 기반 조성, 셋째 수도권의 질적 발전 추구, 넷째 네트워크형 국토구조 형성이라는 4대 추진 전략을 채택하고 있다.

국가균형발전과 지역혁신 정책들에 대한 중앙부처의 부문별 계획 내용을 살펴보면, 혁신 주도형 발전 기반 구축을 위해 지역의 대표기구로서 지역혁신협의회를 구성하고, 지방대학 혁신역량 강화 사업(NURI), R&D 예산 지방지원비율 확대, 혁신 클러스터 구축 등을 통해 혁신 주체의 역량과 연계망화를 강화하는 사업을 시행하고 있다.

또한 인구 감소율 등을 종합평가하여 기초지자체의 30% 내외를 낙후지역(신활력 지역)으로 선정하여 지원함으로써 농산어촌형 RIS를 구축하여 낙후 지역의 자립 기반을 조성하고자 노력하고 있다.

수도권 소재 공공기관의 지방이전을 추진(2005. 6. 24. 공공기관 지방이전 계획)하고, 수도권 규제를 단계적으로 개선하는 등 수도권의 질적 발전을 도모하고 있다.

중앙정부 차원의 이러한 정책과 맞물려 광역지자체의 지역혁신 발전 계획 내용을 살펴보면, 광역지자체별로 지역의 비교우위와 경쟁력을 고려하여 자율적으로 4개의 전략산업을 선정하고, 지역의 특성에 기초한 지역혁신체계 구축방안을 수립하였다(2004. 7. 제1차 국가균형발전 5개년 계획: BT, IT 산업과 같이 지자체간 중복되는 전략산업은 중점 분야를 세분화하여 조정함).

경제생활권 중심으로 인접 광역지자체간에 초광역 클러스터를 형성하여 시너지 효과를 도모하고 있으며, 식품, 관광, 문화 등 지역의 고유자원을 활용하는 지역 연고산업을 선정하고 기초지자체 중심으로 육성 전략을 모색하고 있는 형편이다.

(2) 추진체계 및 소요 재원

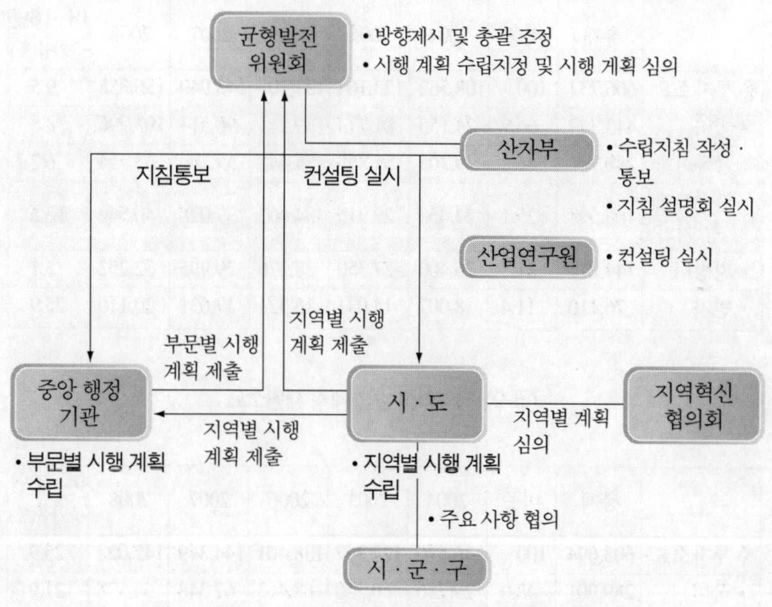

[그림 7] 추진 체계

국가균형발전과 지역혁신 정책의 추진체계 및 소요재원에 관한 세부 내용을 살펴보면, 계획 수립과 재정 운용에 있어 지방의 자율성과 책임성을 강화하도록 하고, 지역 사업의 효율적인 지원을 위한 체계적인 추진 ·

평가 시스템을 구축하고 있다.

부문별 계획 총 투자소요 44조 5,000억 원(국비기준)과 지역혁신발전 계획 총 투자소요 28조 9,000억 원(국비기준)은 국가균형발전특별회계의 확대, 지방의 가용재원 확대 등 다양한 방법을 통하여 재원을 마련할 계획을 가지고 있다.

〈표 8〉 국가균형발전 계획 재원소요

(단위: 억 원)

	총계	비중	2004	2005	2006	2007	2008	04~08년 증가율(%)
총 투자소요	666,732	100	108,562	123,164	133,708	143,940	156,358	9.5
• 국비	445,349	66.9	74,155	81,773	89,111	96,314	103,996	8.8
균특회계	248,751	41.8	49,705	51,858	54,448	59,286	63,454	6.2
일반회계 등 기타	166,598	25.1	24,450	29,915	34,663	37,028	40,542	13.5
• 지방비	144,273	21.7	26,400	27,350	28,276	29,995	32,252	5.1
• 민자	76,110	11.4	8,007	14,041	16,321	17,631	20,110	25.9

〈표 9〉 지역혁신 발전 계획 재원소요

(단위: 억 원)

	총계	비중	2004	2005	2006	2007	2008	04~08년 증가율(%)
총 투자소요	603,694	100	56,576	122,347	138,401	144,349	142,022	25.9
• 국비	289,901	48.0	29,286	60,226	68,463	67,348	64,578	21.9
균특회계	235,586	39.0	24,719	49,221	56,403	55,821	49,422	18.9
일반회계	33,942	5.6	3,119	7,230	8,284	7,820	7,490	24.5
기타	20,373	3.3	1,448	3,776	3,776	3,708	7,666	51.7
• 지방비	120,375	19.9	13,061	32,701	26,542	23,511	24,561	17.1
• 민자	193,419	32.0	14,229	29,420	43,397	53,490	52,883	38.8

(3) 중장기 국가균형발전 정책의 방향

제1차 국가균형발전 5개년 계획은 2004년부터 2008년까지 추진되며, 주요 내용으로는 지역혁신체계 구축, 혁신 클러스터 육성, 공공기관 지방이전 및 미래형 혁신도시 건설 등 혁신 기반 구축으로 지역 특성화 발전의 기반을 조성하는 데 있다.

제2차 국가균형발전 5개년 계획은 2009년부터 2013년까지 차세대 성장동력산업의 주력산업화, 세계적 클러스터로의 진입 등 혁신성과의 극대화를 추구하고 있다.

제3차 국가균형발전 5개년 계획은 혁신의 질적 고도화 단계로 초일류 원천기술의 보유와 글로벌 경쟁력의 확보, 명실상부한 세계적 일류 클러스터와의 경쟁을 통해 국가의 발전 잠재력을 극대화를 통한 혁신의 질적 고도화로 계획의 방향을 잡고 있다. 그러나 이러한 중장기 국가균형발전 정책이 성공적인 수행은 유동적인 정치권의 입김을 최대한 차단하느냐 또는 견디어 내느냐에 달려 있다.

〈표 10〉 중장기 국가균형발전 전략

5개년 계획	제1차 계획(2004~2008)	제2차 계획(2009~2013)	제3차 계획(2014~2018)
목표	혁신의 창출과 확산	혁신의 정착	혁신의 고도화
추진전략	· 지역혁신체계 구축 · 혁신 클러스터 육성 · 공공기관 지방이전 · 혁신도시 건설	· 차세대 성장 동력산업의 주력산업화 · 세계적 혁신 클러스터로의 진입 · 신행정수도 건설	· 지역혁신체계의 새로운 도약 · 세계적 일류 클러스터와 경쟁 · 국가의 발전잠재력 극대화

(4) 국가균형발전과 지역혁신 정책의 성과

그동안의 국가균형발전 정책의 성과들을 살펴보면 다음과 같다.

첫째 국가균형발전의 제도적 기반을 마련하였다고 할 수 있다. 2003년 12월 29일 3대 특별법(국가균형발전특별법, 지방분권특별법, 신행정수도건설특별법)이 국회 본회의를 통과하였고, 2004년 1월 13일 국무회의가 3대 특별법을 공표하면서 국가균형발전의 제도적 기틀을 마련하였다. 2004년 8월 국가균형발전 5개년 계획을 수립하였고, 2004년 11월에 국가균형발전특별회계를 신설하여 중장기적 관점에서 안정적인 정책 추진의 계기를 마련하였다.

둘째 지역혁신체계를 구축하였다. 지역혁신협의회는 현재 전국 16개 시 · 도 광역 지방자치단체가 구성되어 있으며, 기초 지방자치단체는 116개 시 · 군 · 구가 구성 · 운영되고 있다. 국가균형발전위원회 산하에 한국지역혁신교육원을 통해 지역혁신에 필요한 인력을 양성하기 위해 노력하고 있으며, 각 분야별 지역혁신 지도자 5,208명을 교육하였다. 또한 2004년 10월 제1기 대한민국 지역혁신박람회를 부산 BEXCO에서 개최하였으며, 2005년 9월에는 제2기 대한민국 지역혁신박람회를 대구 EXCO에서 개최하여 우수사례 발표와 토론회, 워크숍 등을 통해 혁신 주체들간의 상호학습의 장을 마련해 오고 있다. 또한 지역 내 자생적인 혁신 운동을 지원하여 혁신포럼, 혁신연구회, 아카데미를 지원하고 있다.

셋째 지역혁신 역량을 증대시켰다. 지방대학 지원을 통해 지역 전략산업을 이끌 수 있는 전문산업인력을 양성하고 있으며 2004년부터 2008년까지 NURI 사업을 통해 1조 4천억 원을 지원하고 있다.

넷째 혁신 클러스터 육성 기반을 조성하였다. 지역별로 특화된 산학협력체계를 구축하고, 연구 개발 기능과 생산 기능의 유기적 연계를 하고 있다. 「대덕연구개발특구육성 특별법」 제정(2005년 1월)을 통해 대덕연구개발특구 지정이라든가 2004년 4월 7개 산업시범단지를 지정하여 혁신 클러스터화를 지향하고 있으며, 2005년 9월 오송생명과학단지조성사업단을 설치하여 오송생명과학단지를 조성하고 있다.

다섯 째 지역 전략산업을 육성하고 있다. 제1차 5개년 계획인 지역 전략산업 육성 계획을 수립하여 기존 주력산업의 고도화와 차세대 성장동력 산업육성을 지원하고 있으며, 16개 시도별로 자율적으로 지역 전략산업을 선정하게 하였다.

여섯 째 낙후도가 심한 70개 시 · 군을 신활력 지역으로 선정하여 2005년부터 3년간 6,000억 원을 투자하고 있다. 신활력 사업을 통해 낙후된 농 · 어촌에 새로운 활력을 불어넣기 위한 기반을 마련하고 있다.

일곱 째 공공기관 지방이전과 혁신도시 건설을 추진하고 있다. 2005년 6월 24일 공공기관 지방이전 계획을 확정, 발표하여 수도권 과밀과 일극중심 국토구조의 문제점을 해결하려고 노력하고 있다. 공공기관 지방이전 계획에는 수도권 소재 346개 공공기관 중 국가균형발전위원회의 심의를 거쳐 176개 기관을 이전 대상 공공기관으로 선정하여 수도권과 대전을 제외한 12개 광역시와 도에 유사한 성격의 기관을 기능군으로 분류하여 이전 배치하는 계획을 확정하였다. 혁신도시 건설은 지역의 이기주의와 맞물려 현재 여러 지역에서 잡음이 끊이지 않고 있는 가운데 사업이 추진되고 있다.

(5) 문제점

그동안 참여정부가 추진한 국가균형발전 정책의 문제점은 크게 세 가지로 볼 수 있다.

첫째 사업의 추진방식이 아직도 위에서 아래로의 Top-Down 방식으로 이루어지고 있다는 점이다. 물론 일부 사업은 Bottom-Up 방식으로 이루어지기도 하고 있지만 아직도 Top-Down 방식으로 사업이 추진되고 있는 형편이다. 그러나 Bottom-Up 방식을 도입하고 또 확대하고 있다는 점에서는 긍정적으로 평가할 만하다.

둘째 정책을 입안하거나 실제 그 정책을 추진하는 과정에서 비록 많은 시간이 걸리더라도 구성원 대부분이 합의하는 형태로 사업을 추진해야 할 것이다. 구성원들이 합의하지 못하는 정책은 실제로 현장에서 사업을 추진할 때 많은 시간과 저항이 수반되기 마련이며, 사업의 시행조차 불투명해질 수 있기 때문이다.

셋째 참여정부가 추진하고자 하는 사업이 "실제로 실현 가능한 정책인가 · 그리고 누구에게 도움이 되는 정책인가"를 고민하며 정책을 입안하고 결정하여야 할 것이다.

2. 광역 계획의 검토

강원도는 지역적 특수성과 역량을 바탕으로 '생명 · 건강산업' 육성을 위한 후원제와 전력을 확보하였다.

(1) 지역 현황

강원도는 전통적으로 주 산업이 농업이다. 평야가 적지만 상대적으로 농업의 비중이 높고, 태백산맥과 높고 험준한 산맥을 끼고 형성된 산림

자원을 바탕으로 한 임업과 맑고 깨끗한 동해를 기반으로 수산업도 상대적으로 발달되었다. 석탄이나 석회석과 같은 지하자원 채굴을 중심으로 하는 광공업도 발달되었다. 그러나 강원도의 전통산업들은 이제 모두 사양산업이 되고 있다. 농림수산업이 농산물시장 개방 이후 경쟁력을 점차 상실하고, 강원도 남부의 대규모 탄광지대는 석탄산업 합리화 사업 이후 인구가 절반 이하로 감소한 대표적인 낙후 지역이 되었다. 강원 남부권을 중심으로 형성된 시멘트산업도 환경 파괴 논란과 함께 값싼 아시아 주변국들의 시멘트에 밀려 이제는 존폐의 위기감이 형성되고 있다.

다음은 강원도의 지역적 특색을 토대로 강원도의 전략산업인 '생명·건강산업'(염돈민, 2005)을 중심으로 강원도의 계획을 살펴보고자 한다.

강원도가 가지고 있는 자원과 이미지로서는 크게 네 가지로 볼 수 있다.

첫째 이름난 명승지와 비경을 많이 가지고 있다는 것이다. 옛 시인묵객들의 발길이 끊이지 않았던 관동 8경에서부터 빼어난 산세를 자랑하는 설악산과 영랑호, 화진포호, 경포호 등의 아름다운 석호들도 많다.

둘째, 오염되지 않은 자연환경이다. 강원도는 그동안 철저하게 개발로부터 소외되어 왔다. 이러한 소외 덕분에 아직까지도 전국 제일의 청정한 자연환경을 보존하고 있다.

셋째, 변방이라는 이미지를 가지고 있다. DMZ(군사분계선)의 대부분을 가지고 있는 강원도, 북한과 대치하고 있는 국토의 변방이라는 이미지와 산업사회의 낙후 지역이 됨으로써 강원도 내에서 지리적 통합성이 부족한 공간 특성과 도내 도로망이 서울을 향한 방사선 구조로 발달함으로써 결국 권역 내 중심도시가 발달하지 못한 결과를 가져왔다. 이러한 특성은 또한 다른 대도시가 소재한 타 권역에 비교하여 인구의 역외유출이 빠르게 가속화되어 온 특성을 보이고 있다.

넷째, 국토의 중심으로서의 강원도이다. 한반도의 지리적 정 중앙점은 강원도 양구군 도촌리에 위치하고 있으며, 영동고속도로축은 제4차 국토

종합 계획상 한반도 3대 동서국토축 중 중앙축이 된다.

강원도를 산업경제의 측면으로 살펴보면 첫째, 취약한 산업구조를 가지고 있다. 강원도의 인구가 지속적으로 감소하는 것은 취약한 산업구조에서 기인한다. 농림어업과 광업은 1970년대에서 1980년대 초반까지 강원도 지역경제를 지탱하는 기간산업이었으나 이제는 사양산업이 되었다. 아래 〈표 11〉은 강원도의 산업 중 전국 대비 광공업 산업 기반이 취약한 구조임을 보여 주고 있다. 또한 전국 평균 데이터는 농림어업이 지속적으로 감소하고 있는 데 비해 강원도의 농림어업이 조금씩 증가하고 있는 것은 강원도의 농림어업 분야가 점차 활성화되는 것으로 볼 수 있으나, 오히려 광공업과 기타 서비스업의 정체 또는 몰락이 강원도의 농림어업 분야의 비중을 늘려 주는 요인이라는 점을 나타낸다.

〈표 11〉 연도별 지역 내 총 생산구조

(단위:%, 10억 원)

구 분	농림어업		광공업		사회간접자본 및 기타 서비스업		지역 총 생산(10억 원)	
	전국	강원	전국	강원	전국	강원	전국	강원
1998년	5.6	9.7	35.5	19.8	58.9	70.5	403,597	10,334
1999년	5.5	9.4	34.5	21.4	60.0	69.2	448,027	10,936
2000년	4.7	9.9	36.7	21.0	58.6	69.1	479,884	11,361
2001년	4.6	11.0	35.4	19.9	60.0	69.1	510,278	12,174
2002년	4.1	10.1	34.5	21.0	61.4	68.9	560,266	13,034

자료: 통계청, 통계정보(KOSIS) 검색(지역총생산 중 산업부문 통계).

둘째, 국민 경제수준의 향상과 더불어 강원도를 찾는 관광객의 숫자가 꾸준히 증가하고 있다. 그러나 외형적인 성장에도 불구하고 실질적 내용에서는 낙관적인 상황이 못 된다. 많은 수도권 관광객이 당일 여행을 즐기고 있어서 이들이 지역경제에 미치는 효과는 미약하고 오히려 쓰레기 등의 환경 문제가 대두되고 있는 형편이다. 강원도 관광산업에서 또 다른 문제점은 대부분의 관광업체 또는 관광접객업체에서는 관광객들의 수요 변화에 맞춰 적절하게 대응하고 관광산업을 육성하는 주체로서 나서기에는 너무 영세하다는 점이다.

이러한 강원도의 현황자료를 바탕으로 강원도의 SWOT 분석을 해 보면 〈표 12〉와 같다.

〈표 12〉 강원지역의 SWOT 분석

강점(Strengths)	약점(Weaknesses)
- 청정 자연환경의 이미지 - 우수한 관광자원 분포 및 연 7,000만의 관광객 - 지역별 거점대학의 분포와 인적 자원 보유 - 지식산업 기반의 지속적 확충 - 수도권 시장 근접	- 지리적으로 분산된 공간구조 - 고속접근망 취약 - 전통공업의 쇠퇴와 제조업 미발달 - 연구개발(R&D) 및 혁신 기능 취약 - 산 · 학 · 연 연계 시스템 취약
기회(Opportunities)	**위협(Threats)**
- 동서고속도로, 경춘선 · 중앙선 복선화 등 - 교통 · 통신 인프라의 급속한 발달 - 남북간 교류협력 확대로 강원도의 기회 확대 - 교류결절점 기능 부각 - 국가균형발전에 대한 중앙정부 의지 - 전략산업 육성 정책의 가시화	- 중국의 부상과 농업개방 등 국내산업의 경쟁력 약화 - 행정중심복합도시 건설, 고속철도 개통 등으로 강원도의 상대적 접근도 약화 - 전략산업 육성에 대한 경쟁 심화 - 지역갈등으로 인한 생산 기반 약화

출처: 제1차 국가균형발전 5개년 계획.

(2) 지역 전략산업: '생명 · 건강산업'

앞에서 살펴본 SWOT 분석을 토대로 강원도의 전략산업으로 '생명 · 건강산업'으로 선정하였다. '생명 · 건강산업'으로 선정한 이유는 21세기에는 인간의 '삶의 질'이 중요한 요소가 될 것이며, 이는 필연적으로 '건강'을 최고의 가치개념으로 여기게 될 것으로 전망되기 때문이다. 그동안 강원도의 많은 계획에서 21세기 강원도 비전을 생명 · 건강 지역으로 설정하고 있다. 강원도를 생명이 넘치는 자연 속에 사람들의 건강한 삶이 영위되는 삶의 터전으로 만들어 가자는 것이다. 강원도는 왜 '생명 · 건강산업'이어야만 하는가를 좀더 살펴보면 다음과 같다.

1. '생명 · 건강산업'은 도내에서 '생명'을 키우고 지키는 활동을 기반으로 사람의 '건강한 삶'을 지향하는 산업을 총체적으로 의미한다.
2. '생명 · 건강산업'은 미래지향적 관점에서 도내 모든 구성원들의 혁신 마인드를 촉발하고자 하는 핵심 키워드이다.
3. '생명 · 건강산업'은 도내 모든 산업부문, 지역, 마을이 내부 역량을 결집하여 구축해 나가야 할 강원도의 미래상이다.
4. '생명 · 건강산업'은 도내의 산업 및 지역여건을 감안할 때 특정지역 중심의 산업부문을 집중 육성하기보다는 도내 전역에서 '생명 · 건강'을 지향하여 고유의 역량을 축적시키고 스스로 특화 발전해 나갈 종합 지역 발전 시스템이다.

(3) 추진 전략

'생명 · 건강산업'육성을 위해서 다음과 같은 세 가지 방향으로 사업을 추진하려고 한다.

첫째 '새 농어촌 건설 운동'을 통한 내생적 발전이다. 고유한 문화와 정체성을 간직한 지역을 개발하려면 정부 주도의 외생적 지역 발전 전략으로는 한계가 있다. 외생적 발전 전략은 지역의 독특성과 정체성을 훼손하고 대부분의 지역을 획일화시키는 경향을 가지고 있다. 내생적 발전 전략에 기초하여 외부의 지원이 가미될 때 그 효과가 극대화된다는 것을 일본의 '1촌 1품 운동'이나 '마치즈쿠리'에서 확인할 수 있다. 강원도는 1998년부터 마을의 독자적 기획력을 바탕으로 우수 마을 육성 전략인 '새 농어촌 건설 운동'을 펴 왔다. '새 농어촌 건설 운동'은 국가의 농수산시장 개방에 대응하기 위해 도내 농어촌에 활력을 불어넣기 위한 사업으로 1998년 11월부터 추진되어 왔다. 사업에 '운동'이라는 말이 포함된 것은 주민들이 스스로 자신들이 사는 마을을 활기차게 만들자는 계몽 차원의 의도였다. '새농어촌 건설 운동'의 3대 이념은 농어촌 마을의 소득 증대와 함께 환경만들기와 정신만들기를 포함하는 주민들 스스로의 운동이다. 실사구시, 자력갱생, 자율경쟁을 근본이념으로 주민 스스로 마을을 만들어 나가는 과정에 필요한 사업비를 지원한다.

이 사업의 방식은 주민들이 자발적으로 계획을 수립하여 강원도로 신청을 하면, 도에서 현지실사단을 구성하여 우수 마을을 선정하고, 선정된 마을에 5억 원(도비 3억 원과 시 · 군비 2억 원)을 지원하여 이 사업비로 마을에 지역 활성화를 추진하는 사업이다. 이러한 '새농어촌 건설 운동'을 통해 지역의 내생적 발전을 이끌어 낸다는 전략이다.

둘째 강원도형 지역혁신체계의 구축이다. 강원도가 '생명 · 건강산업 수도'로 자리잡기 위해서는 '새 농어촌 건설 운동'과 같은 강원도형 지역혁신체계의 모델을 구축해야 한다. 그래서 강원도에서는 생명 · 건강산업과 관련된 지역혁신체계의 명칭을 '인간 · 생명 RIS'로 할 것을 제안하고 있다. 여기서 '인간'이 의미하는 바는 혁신의 주체, 혁신을 통하여 도달하고자 하는 궁극적 목표가 인간에 있음을 함축하는 것이며, '생명'이란 그 수단으로서의 생명 · 건강산업을 의미한다. 지역혁신체계(RIS)의 유형은 삼각테크노밸리 산업(춘천의 바이오산업과 원주를 중심으로 한 의료기기산업, 강릉을 중심으로 해양생물산업을 중심으로 3개 거점도시를 중심으로 한 산업 전략)의 경우는 대학 등 혁신 역량이 밀집된 도시를 중심으로 권역별 집중화된 지역혁신체계를 구축하는 것이 효율적이다. 반면 관광산업의 경우에는 시 · 군 단위의 하위 혁신체계를 구축하고 이들을 연계하여 '광역분산형' 지역혁신체계를 구축하는 전략으로 접근하고자 하고 있다. 강원도 전체적으로 본다면 지식 기반산업 부문, 관광산업 부문, 농산촌산업 부문의 3자 지역혁신체계가 서로 연계하여 강원도 전체의 '인간 · 생명 RIS'를 구축하게 될 것이다.

지역혁신의 실행에서 강원도의 가장 큰 취약점은 혁신을 주도할 핵심 주체가 미약하다는 것이다. 혁신 역량구축 사업 초기에 발생하는 이러한 문제를 어떻게 해결해 나가느냐가 사업의 성패를 좌우할 수 있을 것이다.

셋째 산업 · 경제 활동을 촉진시키는 사회시스템 구축이다. 중소기업 중심의 강원도에서 기업하기 좋은 인프라를 구축하기 위해서 모델로 삼고 있는 것이 독일 바덴비르템베르크의 '중소기업과 기업 활동 위험의 사회화' 시스템이다. 이 시스템의 특징은 기업 외부의 기업간 관계와 기업간 관계의 지배구조를 통해 위험을 사회화하는 것이다. 즉 기업 외부의 조직 및 제도를 개방적이고 상호 연계함으로써 동태적 시스템을 만들어 위험을 분산시키는 것이라 할 수 있다. 강원도에서 산업 · 경제 활동을 촉진시키는 사회 시스템을 구축하기 위해서는 기업들이 서로 보유하고 있는 노하우를 공유하고 네트워킹을 통해 지속적으로 혁신하는 관계를 만들어 줌으로써 분권화된 시스템으로 발전시켜 시스템 자체가 외부 환경에 유연한 구조로 만들고자 하는 것이다. 실제 현장에서 어떻게 이러한 유연한 시스템을 만들어 나갈 것인가 하는 구체적인 방안이 나오고, 시스템 구축 시 현장에서 발생하는 문제점들이 차례로 해결되어 나갈 때 제대로 된 시스템이 구축될 수 있을 것이다.

지금까지 살펴본 강원도의 지역혁신 정책의 가장 중요한 점은 강원도 스스로가 추구하고자 하는 '내생적 발전'전략이다. '새 농어촌 건설운동'과 같은 내생적 발전을 통해 지역혁신체계를 구축하고자 하고 있으며, 그 중심 전략이 바로 '생명 · 건강산업'이라고 할 수 있다.

3. 권역별 계획의 검토

강원도는 3개의 권역으로 나눌 수 있다. 춘천을 거점으로 하는 강원 북부권, 원주를 거점으로 하는 강원 남부권, 강릉을 거점으로 하는 영동권으로 나눌 수 있다. 강원도의 경우 타 도에 비하여 인구밀집도가 낮아 타 시와의 연계성이 부족하고 각 시를 거점으로 생활거점이 이루어지고 물류의 집합이 이루어진 점을 감안하면 이러한 분류가 타당성을 가질 수 있다.

또한 대학들이 이들 도시에 집중되어 있으며 보조 거점도시인 속초권이나 동해 · 삼척권, 그리고 농산어촌인 영월, 태백에도 대학들이 분포되어 있다. 지식 기반산업을 선도적으로 육성하는 데 춘천, 원주, 강릉으로 집적된 대학의 존재는 매우 중요하며 또 도내 전역에서 산업과 지역혁신을 일으키는 데 지리적으로 분산되어 위치한 대학의 존재는 매우 중요한 혁신 주체가 될 수 있다.

(1) 강원 북부권

춘천을 거점으로 하는 철원, 화천, 양구, 인제, 홍천을 포함시킨다. 이들 지역의 혁신 발전 전략산업은 실버 · 청정 바이오산업이다.

춘천을 거점으로 한 이들 지역은 대학 내의 전문인력이 풍부하여 연구 역량이 충분하며 기존의 주력 산업과 연계성이 높고 하드웨어의 인프라가 구축되어 있다.

반면, 지역 특성을 고려한 선택과 집중 분야가 없으며 기술 개발 및 기술이전 지원 조직이 미약하다. 또한 예비 창업자 발굴 육성 인프라가 취약하고 전문인력간 네트워크도 취약하다. 하지만 정부의 지역 특화산업 지정, 수도권 및 전국적 접근망 확보, 고령화 사회 진행 및 건강식품 이미지의 증대는 큰 기회로 작용하고 있다.

(2) 강원 남부권

원주를 거점으로 하는 횡성, 영월, 평창, 정선, 태백을 포함한다. 이들 지역의 혁신 발전 전략산업은 의료기기산업이다.

원주를 거점으로 하는 이들 지역은 보건 · 의료기기산업과 관련한 국내 최고의 고급 인력양성 및 연구 기반을 구축하고 있으며 산 · 학 · 연 · 관 및 연계 기관을 단일 건물에 집중한 첨단의료기기 테크노 타워가 건립되어 있다. 또한 의료기기전용공단을 건설하고 (재)원주 의료기기테크노밸리 등 소프트웨어의 기반을 구축하고 있다. 반면, 노동집약적 생산방식에 의한 업체의 영세화, 고급인력 및 생산 기능 인력 부족, 마케팅, 금융, 물류 등 기업지원체계 미비, 제품화 기술력 부족, 지역 내 의료공학 전공인력의 외지 유출 등 다소의 난점을 가지고 있다. 하지만 고령화 사회로 진행되면서 양질의 보건 서비스에 대한 사회적 요구 증대, 지역산업진흥 사업으로서 정부의 육성 의지, 광역/기초자치단체의 일관된 의료기기산업 육성 의지, 고속기간교통망 확충 등 다양한 기회가 엿보이고 있다.

(3) 영동권

강릉을 거점으로 속초, 고성, 양양, 동해, 삼척을 포함시킨다. 이들 지역의 혁신 발전 전략산업은 해양 바이오산업이다.

강릉을 거점으로 한 이 지역은 천혜의 청정해역 및 해양심층수 등의 해양자원이 풍부하고 KIST 강릉분원을 비롯한 관련 대학 및 연구기관 집적, 중소 수산가공업체 다수가 입지해 있다. 또한 강릉과학산업단지 조성에 따른 관련시설의 집적화 및 산자부 지역산업진흥 사업으로 기본 인프라가 구축되어 있다. 반면, 지역산업체의 취약 및 영세성, 산업화를 위한 고급인력 부족, 정보 및 기술 경쟁력 부족 등의 약점을 가지고 있다. 하지만 정부의 지역 특화 사업으로 정책적 육성 의지가 강하고 심층수 등 해양 개발에 대한 관심이 증대되고 있으며 웰빙 풍조에 따른 수산생물의 건강식품 이미지 또한 증대되고 있다는 점이 새로운 기회로 작용할 것이다.

(4) 평가

강원도는 지역혁신 비전인 '생명 · 건강산업'을 모티브로 삼각테크노밸리를 형성하여 강원도 지식산업의 집적을 도모하려는 의도가 강하게 드러나 있다.

춘천의 실버 · 청정 바이오산업, 원주의 의료기기산업, 강릉의 해양 바이오산업을 축으로 성장동력을 얻어 강원 전역의 발전을 꾀하고자 한다.

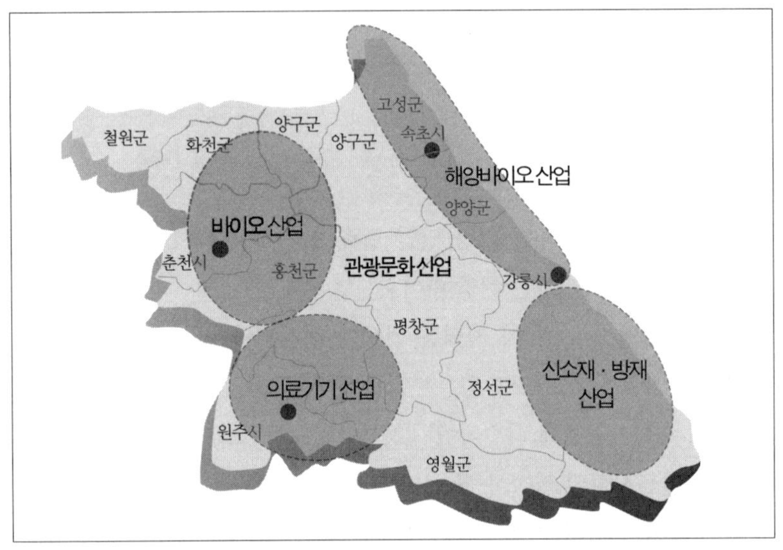

[그림 8] 권역별 전략 산업
출처: 강원도 지역 혁신발전 5개년 계획

4. 기초자치단체 계획의 검토

강원도는 7시, 11군, 24읍, 89면, 6읍 · 면 출장소로 행정구분이 되어 있다. 현재 기초자치단체 18개 시 · 군은 지자체별로 자체적인 발전 계획 및 지역혁신 발전 계획을 수립하여 지역혁신 및 지역 발전 사업을 추진하고 있는 상태다.

(1) 신활력 사업

강원도 18개 기초자치단체 중 12개 시 · 군이 신활력 사업을 추진하고 있다. 사업유형으로는 향토자원 개발이 태백시를 비롯한 6개 시 · 군에서 추진되고 있으며 지역문화관광이 영월군을 비롯한 3개 시 · 군에서 추진되고 있다. 그 외 평창군은 지역 이미지 마케팅을 추진하고 있으며 정선군의 생명 · 건강산업, 고성군의 해양수산자원 개발이 추진되고 있다.

〈표 13〉 시 · 군 신활력 사업유형 구분

시·군 명	신활력 사업명	사업유형
태백시	청정 고랭지채소 특성화 사업	향토자원개발
홍천군	유기농 클러스터 조성사업	향토자원개발
횡성군	횡성한우 문화촌 조성	향토자원개발
영월군	박물관 고을 육성 사업	지역문화관광
평창군	HAPPY 700 브랜드 강화 사업	지역 이미지 마케팅
정선군	생약초 특화지역 조성 사업	생명 · 건강산업
철원군	친환경 농 · 특산물 경쟁력 강화 사업	향토자원개발
화천군	친환경 · 유기농 그린투어리즘 (Eco-Paradise를 위하여)	지역문화관광
양구군	'국토 정 중앙 양구' 산채 클러스터 구축 사업	향토자원개발
인제군	모험 레포츠 클러스터 육성 사업	지역문화관광
고성군	해양심층수 활용 지역 특화산업 기반구축	해양수산자원개발
양양군	송이 클러스터 육성사업	향토자원개발

(2) 태백의 청정 고랭지채소 특성화 추진

평균 해발 650m 고원지대에 위치하여 고랭지채소 재배지로 최적의 환경을 보유하고 있으며 타 지역과의 경쟁력이 높고 판매시장 확보가 용이하며 소비자 선호도가 높아 지역선도산업으로 집중 육성하고자 한다.

주요 사업으로는 고랭지채소 클러스터 구축, 고랭지채소 신활력 사업 지원단 운영 및 고랭지채소 산업화 혁신 역량 강화 사업과 고랭지채소 재배농가 연합회 구성 및 고랭지채소 생산기술 첨단화 사업을 추진중이다. 또한 발효식품과 관련된 시설, 식품 개발 및 연구 사업과 공동 브랜드 및 마케팅 사업을 추진중이다. 그 밖에 고랭지채소 연계 관광 프로그램 개발, 발효식품 체험 프로그램 개발 및 태백고원향 개발에 투자하고 있다.

(3) 홍천군의 유기농 클러스터 조성 사업

농가 단위로 이루어지던 유기농업을 마을 단위로 활발히 추진하고 있는 인접 마을들을 묶어 유기농 생태단지로 활성화시키며 유기농 생산을 위해 필요한 장비, 기술, 교육, 유통을 집중적으로 지원함으로써 마을에 신활력을 불어넣고 그 성공을 바탕으로 홍천군 전역으로 사업을 확장함으로써 농가의 소득을 비약적으로 개선시켜서 생명 · 건강산업의 중심도시로 육성한다.

유기농협의회 운영, 유기농 아카데미 등의 지역혁신체계 구축 사업과 유기농 생태 마을 조성 사업을 추진중이다. 유기농 생태 마을 조성에는 유기농 기자재 보급, 유기농 생태체험관 운영, 유기농 체험 프로그램 등이 포함된다. 또한 유기농제품의 저장 및 지원 시스템을 구축하는 데 29억 7천만 원을 투입한다. 즉 유기농산물 유통센터, 저온저장고 설치 등의 유통시설 구축과 유기농업센터 설립, 기술 개발 및 시험분석 등의 지원 시스템을 구축한다.

(4) 횡성군의 횡성한우 문화촌 조성 사업

횡성한우의 특성화를 통한 지역경제를 활성화시키고 주민소득을 창출시킨다. 또한 횡성한우와 관련 1 · 2 · 3차 산업의 융합을 도모한 전국 제일의 한우 생산 특성화 지역으로 육성시킨다.

이를 위해 생산 및 소득 기반 조성 사업, 한우 축제 및 홍보 마케팅 사업, 횡성한우 역량 강화 사업을 추진중이다. 주요 내용을 보면 한우문화촌 조성, 한우축제 개최 및 횡성한우인재 육성 등이 이에 속한다.

(5) 영월군의 박물관 고을 육성 사업

이미 건립된 박물관(9개소) 및 건립중인 박물관(2개소)의 소프트 경쟁력을 확보하고 박물관 관련 연관 산업의 육성(1차, 2차, 3차 융합 사업)으로 주민 소득을 증대시키고자 한다. 이에 영월아카데미를 운영하고 벤처농업대학 및 관광대학, 박물관 전문가 육성 사업을 통해 지역 특성에 맞는 교육 및 인재를 육성한다. 또한 박물관 활성화 사업으로 박물관 연계 프로그램 개발 · 운영, 공동 마케팅 사업, 순회 및 기획 전시회 개최, 박물관 네트워킹 구축 사업을 추진한다. 그 외에 박물관과 관련된 사업 및 지역 연계 사업을 강화시킨다.

(6) 평창군의 HAPPY 700 브랜드 강화 사업

자립 기반 조성과 삶의 질 향상을 위해서 도시와 농촌의 상생관계로의 전환과 농 · 산촌 지역혁신 역량 강화체계를 구축하는 기반을 조성하며 군민 혁신의식 강화와 혁신 역량 강화 사업을 추진하고 있다. 평창군은 2014년 동계올림픽 유치를 위한 이미지 조성 사업에 집중 투자하였다. 이는 타 시 · 군에 비하여 신활력 사업의 유형이 독특하며 지역적이다.

지역혁신협의회 운영, Happy700 포럼 운영 및 아카데미 운영 등의 지역혁신체계 구축 사업, 브랜드 인증, 판촉 및 홍보, 포장재 개발 및 지원 등의 브랜드 명품화 사업 및 브랜드 체험관광 사업을 추진한다.

(7) 정선군의 생약초 특화 지역 조성 사업

지역 특성상 비교 우위에 있는 특화 작물 생약초의 복합산업화로 농촌 소득 기반을 고도화시키고 안정적인 농업 · 농외 소득 기반 조성으로 농촌 정주 기반을 조성하고 지역 관광자원과의 연계로 지역경제를 활성화시킨다.

이에 백두대간 약초나라를 조성하며 산지 생산 생약초의 가공을 통해 웰빙 시대에 맞는 건강특산품 개발과 가족단위 관광에 적합한 체험상품 개발로 수익을 창출한다. 생약초 재배단지를 확충하며 전국 생산량의 50%를 점유하여 경쟁력 높은 황기, 당귀, 더덕 등의 장기적 재배면적을 확충하고 지리적 표시제를 등록시킨다. 또한 한방 숙박단지를 조성하며 숙박시설 부족 해결을 위해 기존 농촌주택의 개수(기능성 황토 벽돌)를 통한 숙박단지를 조성하고 필요 사업비 중 일부를 지원하고 황토벽돌제조기 등 관련 기계시설을 무상으로 임대한다. 마지막으로 농업 기술명인 교육 프로그램을 운영하며 농업인을 대상으로 생약초 재배 · 가공 · 마케팅 등에 대한 교육 프로그램을 운영한다.

(8) 철원군의 친환경 농 · 특산물 경쟁력 강화 사업

낙후 지역에서 탈피할 수 있는 단계별 추진 전략을 모색하고 이를 반영하기 위한 실천 계획을 수립하며 1 · 2 · 3차 산업을 아우르는 친환경 클러스터를 구축하여 이를 바탕으로 철원군의 혁신과 발전을 유도한다. 지역혁신체계 구축 및 혁신 역량 강화부문에 5억 원을 투자하고 친환경 농 · 특산물 생산 및 소득 기반을 조성하며 친환경 농 · 특산물 홍보 · 마케팅을 강화시킨다.

(9) 화천군 친환경 · 유기농 그린투어리즘 사업

친환경농업 · 유기농업을 바탕으로 한 그린투어리즘으로 도농간 교류를 통하여 지역소득을 증대하고 지역경제 활성화를 도모한다. 또한 친환경유기농업과 체험관광, 생태관광, 농산물 직거래 등 다양한 농촌관광을 결합하므로 시너지 효과로 지역위상을 높인다.

이에 대한 구체적 사업으로 지역혁신 역량구축 및 인적 자원 혁신 역량 강화에 30억 원을 투자하며 그 내용은 지역혁신 역량 지표조사, 그린투어리즘 센터 운영, 주민 리더 혁신 프로그램 운영 등으로 지역의 리더 양성 및 주민혁신 역량 강화 사업에 주력한다. 친환경농업 기반 및 브랜드 개발에 34억 원을 투자하며 친환경농업(채소류) 기반을 조성하여 친환경에서 유기농으로 전환하고 친환경 지연산업과 시범 마을을 조성하고 명품 브랜드 개발 및 홍보를 한다. 그린투어리즘 기반 구축 및 활성화에 37억 원을 투자하며 그린투어리즘 협의체 및 시범 마을 운영, 지역별 소규모 축제 지원, 그린투어리즘 박람회 기획 및 브랜드 개발 및 홍보를 한다.

(10) 양구군의 '국토정중앙 양구' 산채 클러스터 구축 사업

지역혁신 역량 강화를 통한 자립적 성장 동력을 구축하고 소득 향상과 일자리 창출을 위한 생산 및 소득 기반을 조성하며 브랜드 개발과 효과적인 마케팅 전략 전개로 지역 이미지를 상승시킨다. 이에 혁신 역량 강화 사업과 개인적 혁신 역량 강화, 집단적 혁신 역량 강화에 집중한다. 선도 사업 추진에 100억 원을 투자하며 산채 생산 확대 사업, 산채 고급화 사업, 산채 마을 체험관광 사업을 추진한다.

(11) 인제군의 모험 레포츠 클러스터 육성 사업

통합적 균형과 역동적 균형을 병행 추진하고 비교 우위를 갖춘 모험 레포츠와 같은 지역 특화산업이 국제적 경쟁력을 갖출 수 있도록 제반 여건을 갖추는 한편 관련산업의 육성과정에서 철저하게 주민 주도로 일군 용대리와 같은 성공사례가 어느 마을에서도 일어날 수 있도록 균등한 기회를 주는 전략이 필요하다. 이에 모험 레포츠 혁신 역량 강화 사업을 추진하고 그 내용으로 모험 레포츠 역량 조사와 평가, 공공부문 혁신 역량 강화, 민간부문 혁신 역량 강화, 지역혁신협의회 운영을 지원한다. 모험 레포츠 경쟁력 강화 사업은 모험 레포츠 연구회 구성 및 운영, 모험 레포츠 관련 조합결성 지원, 연구 개발 및 시범 사업 추진, 모험 레포츠 홍보 마케팅 강화, 모험 레포츠 문화 기반 조성을 골자로 한다. 전후방 지원 사업 육성을 위해 먹을거리산업 육성, 황태산업, 살거리산업 육성, 목공예산업, 기타 소규모 연구회 운영을 지원한다. 모험 레포츠 그린투어리즘을 활성화시키고 농산어촌 체험 프로그램 개발, 도농교류 프로그램 지원, 산림 · 산악자원을 활용한다.

(12) 고성군의 해양심층수 활용 지역특화산업 기반 구축 사업

남북 관광교류협력의 기반구축을 통한 설악-금강의 국제관광권의 중심도시 및 남북교류의 배후 거점도시로서 특화된 관광상품개발로 지역경기를 부양시키고 삶의 질 향상과 인적 · 경제적 파급 효과를 극대화시키는 1 · 2 · 3차 산업융합모델을 개발한다. 또한 해양심층수를 활용한 산업화, 소득화, 웰빙형 상품 개발의 여건확보와 마케팅 전략을 추진한다. 이에 지방혁신 역량 강화 사업으로 고성지역혁신협의회 산하 실무운영위원회 및 연구회 운영, 마을단위 지역혁신체계 구축, 창업보육센터 운영지원 시스템 구축, 고성통합관광정보시스템을 구축한다. 타라소피아 기반조성 사업으로 선진사례 벤치마킹 및 사업타당성 조사, 법인 설립 및 시설 운영 전략 · 방법 등 마스터플랜 작성, 전문인력 양성 및 교육, 연계상품 연구 지원 및 연구장비 확보, 인터넷 홈페이지 등을 통한 홍보 및 마케팅을 구축하고 타 산업과의 연계화 및 민간자본을 유치한다. 건봉다시마장 브랜드화 사업에 7억 원을 투자하고 민간자본 유치 및 법인설립, 연구 인프라 구축 및 학습센터 운영 지원, 경영 지원 시스템 구축, 홍보 및 마케팅을 지원한다. 고성녹차 음료 사업에 7억 원을 투자하고 연구 지원 사업 확대, 행정 및 경영 지원 시스템 구축, 차생산 RIS 구축, 다원의 관광지화로 그린투어리즘을 추진한다.

(13) 양양군의 송이 클러스터 육성 사업

'양양 송이' 지적 재산권화 및 명품화를 통한 세계적 브랜드로 지향하고 개별적, 산발적 연구를 집중 및 상호 연구를 통해 생산량 증대에 기여하며 2차 산업 활성화를 통한 고용창출 및 지역소득을 증대시킨다. 또한 생태체험공간 조성으로 관광산업과 연계한다. 주요 사업 내용으로 지리적 표시제 등록 지원 사업에 1억 4천만 원을, 송이균환 확대연구 시범지 운영에 13억 원을 투자한다. 또한 송이산지 환경조성 사업에 24억 원을, 송이가공산업 활성화에 18억 원을 투자한다. 그 외에 축제지원 및 이미지 사업, 송이생태관 조성 사업 및 지역혁신체계 구축 사업에 투자한다.

(14) 시 · 군의 신활력 사업 계획서 평가

강원도의 경우 12개의 군이 신활력 사업 대상 지역으로 선정되었다. 이는 강원도가 그동안 얼마나 낙후되었고 정부의 정책에서 소외되었는지를 반증한다. 하지만 현 정부 들어 낙후 지역 개발 사업과 같은 적극적인 사업을 펼침으로써 강원도에 새로운 희망과 과제를 안겨 주고 있다. 몇 가지 현재 신활력 사업의 추진과정에서 드러나는 문제점 등을 짚어본다.

첫째, 신활력 사업은 소프트웨어의 사업이다. 과거 정책적 사업의 경우 하드웨어적인 면을 강조하였다. 그래서 어디에 어떤 건물을 얼마나 크게 짓느냐가 관건이었다. 이런 정책은 가시적인 성과와 유형적인 면을 강조하였다. 그러나 신활력 사업은 혁신 역량 강화 사업 등 지식을 얻고 지식을 이용한 발전과정을 이끌어 내는 데 그 핵심이 있다. 이것을 자립적 성장, 내생적 발전과정이라고 한다. 주민 스스로 깨닫고 지역의 발전 및 혁신을 위해 스스로가 일어서는 그런 과정을 주는 정책이다. 하지만 현재 전반적으로 신활력 사업이 과거의 정책 사업으로 흘러가는 분위기가 감돌고 있어 주시해야 할 것이다.

둘째, 신활력 사업은 프로세스 사업이다. 이 사업은 어떤 결과를 얻기 위한 프로세스 사업이다. 프로세스 사업은 그 자체가 과거의 사업과 달리 결과물을 보고자 하는 사업이 아니다. 점진적으로 사업이 진행되는 과정이 이 사업의 중심축이 되는 것이다. 따라서 관계자들의 많은 오해와 선입견을 받으며 이 사업은 시작되었다. 시작부터 공무원, 교수 등 많은 사람들의 입에 오르내리고 사업에 대한 찬반 논란이 많이 있었다. 아직도 이런 양상을 보이고 있는 것은 사업을 진행하는 데 아무런 도움이 되지 않는다. 따라서 이제는 오해와 갈등의 단계에서 이해와 협력의 단계로 나아가야 할 것이다.

셋째, 신활력 사업의 진행과정 또한 저마다 다르다. 새로운 아이디어로 이루어진 사업인 만큼 그러한 개념을 파악하기가 어렵다. 따라서 이런 개념을 먼저 깨닫고 나아가는 군들은 지역혁신박람회에서 우수사례로 선정되는 등 계속적인 추진력을 얻는 반면 아직도 예비단계에서 주춤거리는 군이 있다. 이러한 모습은 지역의 역량 차이만이 아니라 사업의 주관자 및 실천자의 의지가 부족한 면에도 기인한다. 따라서 이 사업을 각 군의 핵심 사업으로 여기고 적극적인 실천의 모습을 주관자들이 보여야 할 것이다.

4장 강원지역의 지역별 특성과 지역혁신 전략

1. 강원 북부권

강원 북부권은 인적자원 개발 및 경쟁력에서 경쟁우위에 있으며 이를 바탕으로 한 지역혁신 발전 선략 및 시역혁신 체계를 구축하고 있다.

(1) 지역적 특성

강원 북부권의 인구 동향을 살펴보면(〈표 14〉), 춘천을 제외한 철원, 화천, 인제, 양구의 인구가 지난 30여 년간 지속적인 감소세를 보이고 있다. 이 같은 인구 추이는 이들 지역의 일자리 부족과 경제적 침체를 시사한다. 2003년 말 기준으로 강원도 내 시 · 군별 인구 현황과 인구 밀도를 살펴본 결과, 춘천과 철원군을 제외한 강원 북부권의 3개 군은 도내의 다른 시 · 군에 비해 상대적으로 인구가 적고 인구 밀도도 매우 낮은 것으로 확인되었다. 즉, 인구 2만~3만대로 절대 인구가 적을 뿐 아니라 그나마 도처에 흩어져 살고 있는 것이다(〈표 15〉 참조).

〈표 14〉 강원 북부권 인구 추이(1975~2003)

	춘천	철원	화천	인제	양구
1975	140,397	65,631	46,021	56,542	38,959
1980	155,205	64,362	38,533	47,750	33,662
1985	162,869	59,581	33,687	44,193	30,822
1990	174,124	52,588	28,883	36,599	28,489
1995	233,016	54,281	26,321	35,079	24,233
2000	251,212	53,190	25,188	33,618	23,420
2004	254,323	49,650	24,267	32,443	21,692

주1: 1975년~1990년까지의 통계는 강원도청 홈페이지의 『강원통계정보』(통계DB/주제분류별/인구 · 세대 · 가구/인구주택총조사 인구 및 가구/각 연도별[1975, 1980, 1985, 1990]보고서)에서 발췌함.

주2: 1995년 이후 통계는 강원도청 홈페이지의 『강원통계정보』(통계DB/주제분류별/인구 · 세대 · 가구/주민등록인구 및 세대/주민등록인구 및 세대/시 · 군별 · 내외국인별 주민등록 세대 및 인구[1992~2004])에서 발췌한 것으로 외국인은 합산에서 제외함.

출처: 『강원통계정보』, http://www.provin.gangwon.kr.

〈표 15〉 강원도 내 시 · 군별 인구 현황과 인구 밀도(2003년 12월 31일 기준)

구 분		인구(명)	인구밀도(명/㎢)
도 전체		1,533,331	92.3
시 · 군별	춘천시	**254,366**	**227.9**
	원주시	282,025	325.2
	강릉시	230,080	221.2
	동해시	102,032	566.8
	태백시	54,043	178.0

	속초시	89,458	850.1
	삼척시	75,941	64.0
	홍천군	71,733	39.5
	횡성군	44,599	44.7
	영월군	44,134	39.2
	평창군	46,531	31.8
시 · 군별	평창군	46,531	31.8
	정선군	46,362	38.0
	철원군	**50,450**	**63.3**
	화천군	**24,631**	**27.1**
	양구군	**22,146**	**34.2**
	인제군	**32,188**	**19.9**
	고성군	32,868	56.3
	양양군	29,744	47.3

주: 굵은 글씨는 필자의 강조

자료: 주민등록인구통계.

출처:『지표로 본 강원도세 2004년판』(강원도, 2004), p.172에서 발췌하여 재구성.

한편, 강원도의 재정자립도를 보면, 최근 10여 년간 전반적인 하락세를 보여 왔을 뿐만 아니라 2001년 이후로는 아예 20%대로 진입해 버렸음을 알 수 있다(〈표 16〉).

전국과 대비해 보면 문제의 심각성은 더욱 두드러진다(〈표 16〉과 〈표 17〉). 연도에 따라 다소 차이는 있지만 대체로 전국 재정자립도의 절반을 상회하는 수준에 머물러 있고, 개선의 조짐을 거의 엿볼 수 없기 때문이다. 2004년의 경우를 보면, 강원도의 재정자립도는 전국 16개 광역자치단체 중 최하위권에 속하는 14위였다.

〈표 16〉 전국 대비 강원도의 재정자립도 추이(1995~2004년)

연도별	전국	강원도
1995	63.5	34.0
1996	62.2	34.0
1997	63.0	32.5
1998	63.4	37.1
1999	59.6	34.1
2000	59.4	32.4
2001	57.6	29.8
2002	54.8	28.0
2003	56.3	26.7
2004	57.2	28.9

주1: 단위 %, 주2: 순계규모임, 주3: 2004년은 당초 예산.
출처: 『지표로 본 강원도세 2004년판』(강원도, 2004), p.83.

〈표 17〉 시도별 재정자립도와 전국 순위(2004년)

시도별	서울	부산	대구	인천	광주	대전	울산	경기	강원	충북	충남	전북	전남	경북	경남	제주
자립도	95.5	75.6	73.2	75.9	59.8	74.4	69.6	78.8	**28.9**	31.3	30.5	25.9	21.1	29.4	38.3	34.7
순위	1	4	6	3	8	5	7	2	**14**	11	12	15	16	13	9	10

주1: 굵은 글씨는 필자의 강조.
주2: 산술식=자체수입/일반회계세입*100
주3: 단위 %.
출처: 『지표로 본 강원도세 2004년판』(강원도, 2004), p.83.

강원 북부권 시 · 군의 재정자립도는 더욱 심각한 상태다(〈표 18〉). 도내 다른 군과 마찬가지로 춘천을 제외한 강원 북부권 4개 군의 재정자립도는 모두 20% 미만인 것으로 나타났다. 게다가 춘천을 빼고는 자체 수입의 절반 이상을, 특히 화천군은 거의 90% 이상을 인건비로 지급해야 할 정도로 재정 상태가 극도로 취약하다.

지난 10여 년 사이 강원도 인구의 경제 활동 참가율 변화를 보면(〈표 19〉), 전국 평균 수준보다 다소 낮을 뿐만 아니라 하위권에 속한다. 3차 산업 종사자는 전국 평균을 웃도는 편이나 1차 산업 종사자는 전국 평균의 약 2배 정도다. 절대적인 수준에서 보면, 1차 산업 종사자는 다소 감소 추이를 띠고 있고, 2003년에는 18%를 차지함을 알 수 있다.

〈표 18〉 강원도 내 자치단체의 재정자립도와 인건비 비율(2005년)

자치단체별	도평균	도본청	시·군합계	춘천시	원주시	강릉시	동해시	태백시	속초시	삼척시	홍천군	횡성군	영월군	평창군	정선군	철원군	화천군	양구군	인제군	고성군	양양군
재정자립도	27.5	22.4	22.6	**34.4**	29.6	33.4	21.9	16.3	30.1	13.9	17.6	14.8	12.9	18.7	27.8	**13.0**	**12.7**	**19.6**	**19.1**	17.5	22.5
인건비 비율	40.6	20.7	54.2	**37.9**	37.2	44.2	55.2	69.8	42.9	87.6	77.3	93.2	101.4	63.4	41.6	**75.5**	**92.1**	**61.2**	**53.8**	60.5	59.0

주1: 재정자립도(%)=(지방세+세외수입)/일반회계예산*100.

주2: 일반회계예산 도평균은 순계규모임-지방세수입에서 지방교육세를 제외하고, 세외수입에서 징수교부금(재정보전금 제외)을 포함하여 산출.

주3: 2005년 일반회계 당초예산 기준.

주4: 인건비 비율이란 자체수입대비 인건비 비율을 의미.

주5: 자체수입대비 인건비 충당능력(%)=인건비/자체수입×100.

주6: 굵은 글씨는 필자의 강조.

출처: 『2004년 기준 행정통계자료집』(강원도, 2005), p.48과 p.54에서 발췌하여 재구성.

〈표 19〉 강원도 인구의 경제 활동 참가율과 산업별 취업자 분포 추이

	경제 활동 참가율			산업별 취업자 비율(%)								
				농림어업			광공업			SOC 및 기타업종 취업자		
	1995	2000	2003	1995	2000	2003	1995	2000	2003	1995	2000	2003
강원도	57.7	58.7	58.3	23.1	19.9	18.0	12.5	10.0	8.0	64.4	70.2	74.0
전국	61.9	61.0	61.4	11.8	10.6	8.8	23.7	20.4	19.1	64.5	69.0	72.1
강원도의 전국순위	-	13*	14	-	7	16	-	14	15	-	7	6

주1: 강원도의 전국 순위는 16개 광역자치단체 중 해당 연도의 순위를 의미함.

주2: *은 『지표로 본 강원도세 2001년판』(강원도, 2001), p.40에서 인용.

출처: 『지표로 본 강원도세 2004년판』(강원도, 2004), pp.40~44;『지표로 본 강원도세 2002년판』(강원도, 2002), pp.42~44에서 발췌하여 재구성.

강원 북부권의 농가 인구 비중 추이를 보면, 최근으로 올수록 조금씩 줄어드는 추세다. 춘천권은 8~9% 정도이지만 나머지 4개 군 지역은 25~30% 내외로 여전히 농가 인구의 비중이 상당함을 알 수 있다. 이 같은 농가 인구 비중은 전국 평균에 비해 거의 3.5~4배 정도나 많은 수준이다(〈표 20〉). 이것은 강원 북부권의 지역 개발 전략을 구상하고자 할 때, 여전히 1차 산업을 진지하게 고려해야 함을 시사한다.

강원 북부권 5개 시 · 군의 산업별 사업체 수를 보면, 최근 몇 년간 3차 산업 부문이 90% 이상을 차지해 왔고, 1차 산업 부문은 1%를 넘지 못하고 있음을 알 수 있다(〈표 21〉).

춘천을 제외한 강원 북부권 4개 군의 농가 인구 비율이 전체 지역 인구의 약 1/4~1/3이나 됨에도 불구하고 개인이 경영하는 사업체를 제외한 1차 산업 사업체의 비중이 이처럼 극히 적다는 것은 이들 지역 농업의 영세성을 적나라하게 보여 준다. 한편, 산업별 사업체 종사자 수 분포를 살펴보면(〈표 22〉), 3차 산업 사업체의 종사자 비중이 약 85%로 역시 압도적인 것으로 나타났다. 이는 사업체의 경쟁력 제고에 의한 지역 개발을 구상할

때 강원 북부권에서도 3차 산업 사업체에 주목해야 함을 의미하는 것이기도 하다.

〈표 20〉 강원 북부권 농가 인구의 최근 추이

지역	인구 / 연도	1998	2000	2002	2004
춘천	농가 인구	22,505	21,706	20,124	21,413
	농가 인구 비율	**9.2**	**8.6**	**8.0**	**8.4**
	전체인구	244,076	251,212	252,624	254,212
철원	농가 인구	18,573	16,791	15,815	15,643
	농가 인구 비율	**34.1**	**31.6**	**31.3**	**31.5**
	전체인구	54,500	53,190	50,532	49,650
화천	농가 인구	7,675	7,200	6,520	6,920
	농가 인구 비율	**29.6**	**28.6**	**27.1**	**28.5**
	전체인구	25,916	25,188	24,088	24,267
양구	농가 인구	7,325	7,236	6,193	6,141
	농가 인구 비율	**30.5**	**30.9**	**27.5**	**28.3**
	전체인구	24,027	23,420	22,527	21,692
인제	농가 인구	10,204	9,063	7,524	8,221
	농가 인구 비율	**29.8**	**27.0**	**23.2**	**25.3**
	전체인구	34,288	33,618	32,447	32,443
강원도	농가 인구	259,919	238,044	215,365	216,413
	농가 인구 비율	**16.7**	**15.3**	**14.0**	**14.2**
	전체인구	1,552,667	1,554,688	1,538,720	1,521,375
전국	농가 인구	4,399,643	4,031,065	3,590,523	3,414,551
	농가 인구 비율	**9.4**	**8.4**	**7.5**	**7.0**
	전체인구	46,991,171	47,732,558	48,021,543	48,583,805

주1: 전체 인구는 통계청의 『KOSIS(통계DB 검색)』(KOSIS/주제별 검색/인구 · 가구/인구/주민등록 인구, 세대)에서 발췌한 것으로서 외국인은 합산에서 제외한 숫자임.

주2: 농가 인구는 통계청의 『KOSIS(통계DB 검색)』(KOSIS/주제별 검색/인구 · 가구/인구/농가 인구)에서 발췌.

주3: 굵은 글씨는 필자의 강조

출처: 통계청(http://www.nso.go.kr)의 『KOSIS(통계DB 검색)』에서 발췌하여 재구성.

〈표 21〉 춘천 · 철원 · 화천 · 양구 · 인제의 산업별 사업체 수

	연도	합계	1차 산업 (개)	비율(%)	2차 산업 (개)	비율(%)	3차 산업 (개)	비율(%)
춘천시	1999	16,871	17	0.1	1,263	7.5	15,591	92.4
	2000	17,128	13	0.1	1,301	7.6	15,814	92.3
	2001	17,753	9	0.1	1,452	8.2	16,292	91.8
	2002	18,071	7	0.0	1,408	7.8	16,656	92.2
	2003	18,479	10	0.1	1,409	7.6	17,060	92.3
철원군	1999	3,339	6	0.2	248	7.4	3,085	92.4
	2000	3,152	4	0.1	246	7.8	2,902	92.0
	2001	3,422	6	0.2	322	9.4	3,094	90.4
	2002	3,403	6	0.2	301	8.8	3,096	91.0
	2003	3,374	5	0.1	306	9.1	3,063	91.0
화천군	1999	2,050	4	0.2	148	7.2	1,898	92.6
	2000	1,935	2	0.1	158	8.2	1,775	91.7
	2001	1,944	1	0.1	165	8.5	1,778	91.5
	2002	1,819	1	0.1	169	9.3	1,649	90.7
	2003	1,803	1	0.1	157	8.7	1,645	91.2
양구군	1999	1,895	10	0.6	176	9.3	1,708	90.1
	2000	1,739	9	0.5	158	9.1	1,572	90.4
	2001	1,684	8	0.5	157	9.3	1,519	90.2
	2002	1,626	6	0.4	142	8.7	1,478	90.9
	2003	1,654	7	0.4	161	9.7	1,486	89.8
인제군	1999	2,797	4	0.1	224	8.0	2,569	91.8
	2000	2,654	4	0.2	208	7.8	2,442	92.0
	2001	2,575	-	-	206	8.0	2,369	92.0
	2002	2,584	-	-	202	7.8	2,382	92.2
	2003	2,736	1	0.0	219	8.0	2,516	92.0

출처: 통계청, 『KOSIS(통계DB 검색)』, http://kosis.nso.go.kr에서 발췌하여 재구성.

〈표 22〉 춘천 · 철원 · 화천 · 양구 · 인제의 산업별 사업체 종사자 수

	연도	합계	1차 산업 (명)	비율(%)	2차 산업 (명)	비율(%)	3차 산업 (명)	비율(%)
춘천시	1999	64,296	185	0.3	8,857	13.8	55,254	85.9
	2000	65,705	188	0.3	9,020	13.8	56,497	86.0
	2001	68,918	221	0.3	9,666	14.0	59,031	85.7
	2002	69,593	183	0.3	8,436	12.1	60,974	87.6
	2003	71,772	167	0.2	8,431	11.7	63,174	88.0
철원군	1999	10,329	78	0.8	1,745	16.9	8,506	82.4
	2000	10,465	55	0.5	1,875	18.0	8,535	81.6
	2001	12,043	119	1.0	2,546	21.1	9,378	77.9
	2002	11,056	158	1.4	1,969	17.8	8,929	80.8
	2003	10,760	110	1.0	2,031	18.9	8,619	80.1
화천군	1999	5,802	20	0.3	638	11.0	5,144	88.7
	2000	5,923	5	0.1	709	12.0	5,209	88.0
	2001	5,497	7	0.1	699	12.7	4,791	87.2
	2002	5,203	11	0.2	815	15.7	4,377	84.1
	2003	5,167	12	0.2	747	14.5	4,408	85.3
양구군	1999	5,222	59	1.1	757	14.5	4,406	84.4
	2000	5,482	58	1.1	715	13.0	4,709	85.9
	2001	5,055	42	0.8	736	14.6	4,277	84.6
	2002	5,015	34	0.7	709	14.1	4,272	85.1
	2003	5,032	36	0.7	670	13.3	4,326	86.0
인제군	1999	7,842	242	3.1	1,018	13.0	6,582	84.0
	2000	7,736	25	0.3	1,061	13.7	6,650	86.0
	2001	7,129	-	-	1,035	14.5	6,094	85.5
	2002	7,107	-	-	838	11.8	6,269	88.2
	2003	7,583	2	0.0	937	12.4	6,644	87.6

출처: 통계청, 『KOSIS(통계D B검색)』, http://kosis.nso.go.kr에서 발췌하여 재구성.

(2) 지역 개발 전략 검토

강원 북부권의 지역 개발을 위해 요구되는 전략들을 거시적 관점에서 몇 가지 측면으로 나누어 살펴보면 다음과 같다.

1) 대학과 지방자치단체 간의 분야별 정책 연대기구 구성과 운영

강원 북부권의 지역 개발을 위해서는 무엇보다도 먼저 권역 안의 지방자치단체들이 강원 북부권에 있는 대학의 전문가들을 적극 활용하고자 하는 관점을 분명히 하고 이들을 매개로 한 지역 개발 전략들을 강구할 필요가 있다.[4] 강원 북부권의 지방자치단체들이 재정을 비롯한 각종 자원의 측면에서 매우 불리한 여건을 갖고 있지만 지역 소재의 우수한 전문가들을 적절하게 선용할 수 있는 체제를 갖추기만 한다면, 그와 같은 구조적인 약점을 극복하고 새로운 발전의 전기를 얼마든지 마련할 수 있을 것으로 보기 때문이다.

그간에는 지방자치단체나 대학의 전문가들도 이러한 필요성을 절감하지 못했던 듯하다. 지방자치단체는 그렇다 하더라도 전공 분야에 따라 다양한 활동의 여지가 있는 시민 운동에서도 이와 유사한 경향들이 문제로 지적되어 왔다. 예컨대, 춘천의 대표적인 시민단체 중 하나인 C단체의 경

---

4) 외국의 최근 연구들을 보면(이를테면, Etzkowitz, 2003; Leydesdorff & Meyer, 2003), 대학, 정부, 산업체 간의 연계성을 강조하고 있음을 쉽게 발견할 수 있다. 우리의 경우에도 기업 활동이 활발한 지역에서는 이와 같은 삼자 관계가 중시되어야겠지만, 기업 환경이 열악한 강원 북부권의 경우에는 현실적으로 지방정부와 대학 간의 관계에 일차적인 관심을 기울일 수밖에 없다. 물론 강원 북부권의 경우에도 이러한 지방정부와 대학 간의 양자관계를 축으로 산업체와의 연계성을 강화하는 방향으로 관심을 확대해 가야 함은 더 말할 나위도 없다.

우, 2004년 10월 현재 약 30명의 교수 회원이 있지만 활동 회원이라고 할 만한 인원은 많아야 6, 7명 정도를 헤아릴 정도다. 전문 인력의 참여 부족으로 지역시민단체의 정책대안 기능이 미약함에도 불구하고 전문가들을 영입하려는 시민단체들의 노력이 부족했고 지역시민 운동에 자발적으로 동참하는 전문가들이 태부족이어서 빚어진 한 단면이라고 할 수 있다(김원동, 2004c). 자발적인 시민단체의 상황이 이렇다고 한다면, 상대적으로 전공이 제한된 전문가들이 관계를 맺어 온 지방자치단체에 참여하는 교수 인력의 폭과 깊이는 더욱 적을 수밖에 없을 것이다. 물론 도를 비롯한 시나 군에 지역 전문가들을 포함하는 상설 위원회들도 있긴 하지만 대개 형식적일 뿐 고유한 기능을 수행하는 위원회는 드물다고 할 수 있다. 그렇다면, 강원 북부권의 지방자치단체와 시민단체 및 대학이 어째서 이런 상황을 여전히 탈피하지 못하고 있는 것일까.

지역 소재 대학의 교수들이 지역 문제에 대한 관심이 적고 지역 연구나 활동에 잘 나서지 않는 경향이 있다는 점을 한 원인으로 지적해야 할 것 같다.

이 같은 경향에는 수도권과의 지리적 근접성도 한몫을 해 왔다고 볼 수 있다. 수도권과 비교적 가까운 지정학적 위치로 인해 강원 북부권, 특히 춘천 지역 교수들은 자연히 지역사회보다는 수도권과 전국적 현안에 관심을 갖는 경향이 있기 때문이다. 또 다른 원인은 지방자치단체들이 지역 발전의 비전을 세우고 그 꿈을 실현하기 위해 지역 소재 대학 교수들의 전문적인 식견을 지방행정에 십분 활용하려는 적극적인 유인 움직임이 거의 없었다는 점에서 찾아야 할 것으로 생각된다. 이와 같이 대학이나 지방자치단체가 모두 공존과 발전을 위한 협력의 필요성을 통감하지 못하고 실질적인 교류도 이어오지 못함으로써 지역의 인재풀은 그 잠재력에도 불구하고 거의 제대로 가동되지 못했던 셈이다.

그렇다면 지역 발전을 위한 새로운 전략의 일환으로 권역 내의 대학 전문 인력들을 지방행정에 적절하게 동원하려면 어떤 방향의 노력들이 있어야 할까.

지방자치단체 차원에서 강구해야 할 전략의 기본 방향은 대학의 전문 인력들과 함께 자치단체의 주요 업무와 관련된 명실상부한 분야별 정책 연대기구를 구성하여 운영하는 쪽에 맞추어져야 할 것이다. 강원 북부권에 있는 대학의 전임 교원 숫자가 상당수에 이른다는 점을 감안한다면(〈표 23〉), 이러한 기구의 구성과 운영은 의지만 있으면 얼마든지 가능할 것으로 판단된다.

〈표 23〉 강원 북부권 소재 대학의 재직 교수 현황

대학명	전임교수 인원	비고
강원대학교*	671	4년제 대학
한림대학교**	307	4년제 대학
춘천교육대학교***	73	4년제 대학
송곡대학****	13	전문대학
춘천기능대학*****	26	전문대학
한림성심대학******	73	전문대학
계	1,163	

주1: 초빙교수, 겸임교수, 임상교원 등은 제외함.
주2: *은 '2004년도 대학교원 현황 통계' (교육인적자원부, http://www.moe.go.kr, 2005).
주3: **은 '2005년 4월 1일 현재 교원현황' (한림대학교, http://www.hallym.ac.kr).
주4: ***, ****, *****은 모두 2005년 10월 현재(학교 업무담당자와 통화로 확인).
주5: ******은 2005년 10월 1일 현재(학교 업무담당자와 통화로 확인).

이러한 기구를 구성할 때 유의해야 할 점도 있다. 즉, 분야별 정책협의 기구에 영입하는 전문 인력은 지방자치단체의 업무를 기획하고 정책을 시행하는 데 실질적인 기여를 할 수 있도록 철저하게 '전문성'을 기준으로 해야 한다는 점이다. 북부권이 아니라 하더라도 도 전역에 적합한 전문 인력들이 산재해 있기 때문에 전문성을 기준으로 한 다양한 정책협의기구를 얼마든지 꾸릴 수 있다고 본다. 강원도 내에는 북부권의 6개 대학 외에도 강릉대학교를 비롯한 8개의 4년제 대학과 강릉영동대를 포함한 8개의 전문대학이 산재해 있기 때문이다(〈표 24〉). 따라서 꼭 필요하다고 판단될 경우에는 강원 북부권의 관련 분야 교수들의 추천을 받아 도내 다른 지역의 교수들도 적극적으로 끌어들여 활용할 수 있다는 얘기다. 이와 같이 도내에 4년제 대학이 11개, 전문대학이 11개나 있어서 강원도의 인구 규모에 비해 고급 인적 자원이 풍부한 편이기 때문에 이런 면에서는 강원도의 지방자치단체들이 다른 지역의 자치단체들보다 결코 불리한 상황에 처해 있다고 할 수는 없다.

〈표 24〉 강원 북부권 이외의 도내 소재 대학 현황(2005년 10월 현재)

대학명	홈페이지 주소	비고
강릉대학교	http://www.kangnung.ac.kr	국립
경동대학교	http://www.kyungdong.ac.kr	
관동대학교	http://www.kwandong.ac.kr	
삼척대학교	http://www.samcheok.ac.kr	국립
상지대학교	http://www.sangji.ac.kr:90	
연세대학교(원주캠퍼스)	http://www.yonsei.ac.kr/wonju	
한라대학교	http://www.halla.ac.kr	
한중대학교	http://www.donghae.ac.kr	'동해대학교'에서 2005년 7월 개명
강릉영동대학	http://www.yeongdong.ac.kr	
강원관광대학	http://www.kt.ac.kr	
강원도립대학	http://www.gangwon.ac.kr	도립
동우대학	http://www.duc.ac.kr	
상지영서대학	http://www.youngseo.ac.kr	
송호대학	http://www.songho.ac.kr	
세경대학	http://www.saekyung-c.ac.kr	
원주대학	http://www.wonju.ac.kr	국립

주: 검색엔진, 각 대학 홈페이지, 일부 대학관계자와의 통화를 통해 구성.

대학의 전문 인력들을 활용하고자 할 때 지방자치단체에서 고려해야 할 점도 있다. 즉, 지방자치단체의 예산이 취약하지만 전문가들의 연구와 자문에는 투자되는 노력에 상응하는 실질적인 보상이 이루어질 수 있도록 그에 필요한 재원 확보방안도 마련해야 한다는 점이다. 정책협의기구들이 일년에 한 번 모일까 말까 하는 형식적인 기구가 아니라 상시적인 운영기구가 되기 위해서는 예산이 뒷받침되어야 하기 때문이다. 지방자치단체들은 정책협의기구의 구성과 운영에 열의를 보이는 공무원들에게도 그러한 노력을 격려할 수 있는 동기부여 차원에서 제도적인 보상체계를 갖출 필요가 있다. 물론 그러한 일 자체가 공직자로서 소명감을 갖고 당연히 해야 할 직무이기는 하지만 그간의 공직사회문화를 감안할 때 그것에만 의존하는 것은 큰 효과를 기대하기 힘들 것으로 전망되기 때문이다. 따라서 적어도 일정 기간은 외부 인적 자원을 조직에 효율적으로 접목시키고 운영하는 데 기대 이상의 성과를 거둔 공무원이나 팀에 대해서는 상여금이나 인사에서 긍정적인 보상을 제공할 수 있는 제도적 장치를 가동시켜야 할 것으로 생각된다. 이와 함께 대학 차원에서도 소속 교수들이 지방자치단체의 행정에 적극 참여하여 지역 발전에 기여할 수 있도록 제도적 차원의 동기부여 기제들을 마련하도록 해야 할 것이다.

이를테면, 교내 연구비 중 지역사회의 개발 현안들을 주제로 한 연구논문이나 저술 활동의 지원 폭을 대폭 확대하고, 지방자치단체의 각종 위원회를 비롯해서 지역사회의 다양한 영역에서 활동하는 교수들에 대한 자체 인센티브의 제공을 강화하는 제도를 만들 필요가 있다는 것이다. 더 나아가 대학은 강원 북부권 소재의 지방자치단체들과 협의하여 개별 자치단체에 일부 교수들을 파견 형태로 일정기간 투입함으로써 지방행정에 대한 참여의 전문성과 깊이를 강화해야 할 것이다. 이러한 인력들은 대학과 자치단체 간의 가교 역할을 함으로써 양자간의 연계성을 견고히 하고 미래의 보다 나은 협력체계를 모색하는 데 크게 기여할 수 있으리라는 점에서 특히 관심을 가질 부분이다.

이런 방식으로 지방자치단체와 대학이 쌍방향에서 지방행정과 대학 전문 역량의 효율적인 접목을 다각도로 모색해 간다면, 지방행정의 전문성 제고를 통한 지역 발전 전략은 매우 큰 시너지 효과를 얻을 수 있을 것으로 기대된다.

2) 지역 밀착형 고등교육기관으로서 대학의 역할 재정립

대학은 전문가들이 집결해 있는 전문 연구기관이기도 하지만 동시에 학생들을 가르치는 고등교육기관이기도 하다. 국가적 수준에서는 물론이고 지역사회에 기여할 수 있는 미래의 인재를 육성한다는 차원에서 고등교육기관으로서 대학의 역할은 매우 중요하다. 하지만 시대적 변화의 흐름과 강원도 지역의 낙후성을 감안할 때, 도내 지역 대학들은 정규 학생용 교육기관으로서의 역할에 그쳐서는 안 된다. 무엇보다도 세계화, 정보화 시대의 급격한 사회 변화들은 학생들뿐만 아니라 일반 사회인들에게도 시대적 변화의 적응에 필요한 정보와 지식에 대한 수요를 끊임없이 창출하기 때문이다. 강원도의 낙후성을 극복하고 새로운 발전의 계기를 찾아야 한다는 절박한 지역공동체의 요구도 사회구성원들의 지속적인 지적 무장을 추동하는 요인이 아닐 수 없다. 이런 점에서 지역 소재 대학들이 지역 내 일반 구성원들의 배움에 대한 절실한 욕구들을 충족시키는 지역 밀착형 교육기관으로서 역할이 더욱 강조된다. 물론 대학이 이러한 소임을 인지한다고 해서 그 역할의 장(場)이 자동으로 펼쳐지는 것은 아니다.

대학이 이 역할을 해내려면 대학 스스로가 앞장서서 지역 구성원들에 대한 다각적인 교육 실시의 필요성을 지방자치단체를 대상으로 이해시켜서 구체적인 조치에 들어갈 수 있도록 환경을 조성해야 한다. 대학이 지역에 필요한 전문 교육기관으로서의 역할을 다하겠다는 확고한 의지를 보인다면, 민선 자치 시대의 자치단체장들도 이에 공감할 가능성은 매우 높다. 현재의 상황은 '지역경쟁력'과 '지역혁신 역량'의 강화가 그 어느 때보다도 비중 있는 사회 전체의 관심사이자 정부의 핵심적인 정책적 관심사로 떠올랐기 때문이다. 그렇다면 대학은 이와 같은 역할을 구체적으로 어떻게 수행해야 하는가. 공무원과 일반 주민을 대상으로 나누어 살펴보면 다음과 같다.

공무원 대상 교육의 기본 방향은 이들의 기획 역량을 강화할 수 있도록 하는 데 초점을 맞추어야 할 것이다. 현 정부가 표방하고 추진해 온 분권개혁이 지지부진한 것은 사실이지만 지방분권에 대한 거센 요구가 우리 사회의 대세가 되어가고 있음을 부인하기 어렵다. 게다가, 혁신도시 선정과정에서의 격심한 논란, 지역간 갈등 및 회의적인 전망들에도 불구하고 지역균형발전을 위한 국가적 차원에서의 공공기관 이전 정책도 조금씩 진전을 보이고 있다. 속도는 더디지만 분권 · 분산개혁에 따라 지방의 자율성과 책임성이 부각될수록 지방정부의 혁신 역량 또한 검증될 것임이 분명하다. 지방정부의 자체 역량이 집중적인 조명을 받는다는 것은 그만큼 지방정부의 잠재력과 실력이 지역 및 국가 발전의 관건이 된다는 것을 의미한다. 따라서 지방의 입장에서 보면, 지방 주도의 자율적 발전을 추진하기 위해 한편으로는 중앙정부를 상대로 분권 · 분산개혁을 촉구하면서 다른 한편으로는 지방의 내적 역량을 강화하는 일에 주력해야 함은 당연하다.

지방공무원들의 기획 역량을 강화하는 데 도움을 줄 수 있는 체계적인 교육 프로그램의 설계와 실시가 중요한 것은 이러한 맥락에서다. 여기서 한 가지 유념할 것은 이러한 교육 프로그램이 교육의 당위성이라는 관점에서 그저 막연하게 추진되어서는 안 된다는 점이다. 분야별 · 대상별 · 시기별 교육 목표를 분명하게 먼저 설정하고 그러한 목표들을 실현하기 위한 전문적이고 구체적인 교육방식과 프로그램들을 짜도록 해야 한다.

이를테면, 국내외의 혁신사례 교육 프로그램을 설계하는 경우라면, 이론적 교육과 함께 현장실습교육이 이루어지도록 하고, 그러한 현장교육은 관광여행식이 아니라 전문가들을 통한 사전 교육과 동행 및 연수 결과 발표회 등과 같은 일련의 틀 아래 체계적으로 진행되어야 한다는 것이다. 세계화 시대에 적극 대처하도록 하기 위해 선진국과 주변 정세에 대한 교육 프로그램을 운영하고자 할 경우에는, 관련 외국어, 문화 및 일반 소양교육이 함께 이루어지도록 하는 것이다. 지방에는 사실 수준 있는 외국어 학원도 찾기 어려워, 강원도 북부권에서도 춘천을 빼고 나면 나머지 4개 군 지역의 어학교육 여건은 매우 빈약하다. 심지어 춘천 권역도 결코 좋은 편은 아니다. 따라서, 강원대학교나 한림대학교를 비롯한 강원 북부권 소재 대학의 외국어학과와 사회과학 분야의 전문가들이 직접 해당 지역에 가서 자치단체 공직자들을 대상으로 파견 강의를 실시하는 시스템을 구축하는 것도 한 방안이 될 수 있다. 지역사회의 검증된 전문 인력들을 통해 양질의 어학, 문학 및 사회과학적 안목을 익힐 수 있다면, 짧은 시간에 매우 효율적으로 교류 대상 국가에 대해 이해할 수 있을 것이다. 이와 같이 대학과 충분히 결합된 지방공무원 교육은 단순히 외국어 습득에 그치는 것이 아니라 해당 국가의 문화를 인문 · 사회과학적 관점과 함께 종합적으로 익히는 계기가 된다는 점에서 한 차원 진전된 새로운 교육방식이 될 수 있을 것이다.

지방자치단체장들은 이러한 관내에서의 교육뿐만 아니라 공직자들의 정규 대학원 진학을 장려하고 지원책을 확대함으로써 공직자들의 기초 실력을 갖추는 일에도 기꺼이 투자를 해야 한다. 정규 교육을 매개로 한 공직자들의 꾸준한 실력 배양과 평균 역량의 신장이 비정규적인 다양한 교육 프로그램들과 병행된다면 공직사회의 기획력은 물론, 업무 수행 능력도 전반적으로 크게 향상될 것임은 분명하기 때문이다.

일반 주민들에 대한 교육도 마찬가지다. 강원 북부권의 지역 주민들이 농업을 비롯한 자신의 생업 분야에서 요긴한 지식들을 체계적으로 습득하기는 결코 쉽지 않다. 지역의 자립적 발전에 필요한 혁신 역량을 강화하기 위해서는 주민들에 대한 교육이 필수적이다. 이런 점에서 강원 북부권의 시 · 군은 대학과 적극적으로 협의해서 지역별 특성에 맞는 주민 교육 프로그램을 종합적으로 설계하여 다각적인 주민 교육이 지속적으로 이루어질 수 있는 체제 구축에 관심을 기울여야 한다.

이를 위해서는 국가균형발전 시책들을 시행하는 과정에서 특히 지방자치단체들의 장들은 주민들에 대한 교육 예산을 확충하는 일에 인색해서는 안 된다.

〈표 25〉 강원 북부권 소재 대학의 전공 분포

대학명	전공(단과대, 학부, 계열, 학과)	비고
강원대학교	경영대, 공과대, 농업생명과학대, 동물자원과학대, 법과대, 사범대, 사회과학대, 산림과학대, 자연과학대, 약학대, 인문대, 예술대, 의과대, 스포츠과학부, 바이오산업공학부	
한림대학교	인문대, 사회과학대, 경영대, 자연과학대, 정보전자공과대, 의과대, 기초교육대	
춘천교육대학교	윤리교육과, 국어교육과, 사회과교육과, 교육학과, 수학교육과, 과학교육과, 실과교육과, 음악교육과, 미술교육과, 체육교육과, 영어교육과, 컴퓨터교육과	
송곡대학	인터넷미디어과, 캐릭터시각디자인과, 사회복지상담과, 레저스포츠과, 만화영상과	'춘천정보대학'에서 2005년 3월 1일 '송곡대학'으로 개명
춘천기능대학	신소재응용과, 컴퓨터응용기계과, 전기과, 전자과, 산업디자인과, 멀티미디어과	현재 6개 학과 (빌딩자동학과 2006년 추가 신설)
한림성심대학	관광레저계열, IT계열, 인문사회계열, 보건의료계열, 공학계열	

주: 각 대학의 홈페이지에서 확인하여 재구성(검색일: 2005년 10월 23일).

이와 같이 지역 대학들은 공무원뿐만 아니라 주민 대상의 평생교육기관으로서의 역할을 온전히 감당함으로써 지역 밀착형 고등교육기관으로 거듭날 수 있어야 명실상부한 지역 발전의 지적 거점으로 자리매김될 수 있음을 명심해야 한다. 강원 북부권 소재 대학들이 지니고 있는 다양한 전공 분야들은 지역의 어떠한 교육 수요들도 자체적으로 얼마든지 충족시켜 줄 수 있는 종합교육기관으로서 여건을 충분히 갖추고 있음(〈표 25〉 참조)을 보여 주고 있기 때문에 이러한 문제의식을 갖고 이를 실천에 옮기기만 하면 얼마든지 큰 성과를 거둘 수 있을 것으로 기대된다.

3) 농촌 정책 연구 및 교육 네트워크의 구축과 운영

강원 북부권의 지방자치단체가 지역의 대학들과 정책 연구기구를 구성할 의지를 갖고 대학 또한 지역 밀착형 고등교육기관으로서의 역할을 위해 나서리라는 전제에서 보면, 양자를 중심으로 한 혁신 주체들간의 결합이 가장 의미 있는 영향을 미칠 수 있는 영역은 농촌 및 산촌 분야다. 전체 인구 중 농가 인구의 비율이 약 25~30%를 점하고 있는 것이 강원 북부권 소재 4개 군의 현실이기 때문이다. 물론 도 · 농 통합시로서의 특성을 지닌 춘천시도 농가 인구의 비중이 8% 내외를 기록하고 있어 전국 수준보다 다소 높은 편이다(〈표 20〉 참조). 따라서 여기서의 논의는 강원 북부권의 4개 군을 중심으로 한 것이지만 춘천의 경우에도 부분적으로 적용될 수 있다. 이런 맥락에서 여기서는 바로 앞서 지적한 2가지 관점을 농촌 분야에 초점을 맞춰 세부적으로 살펴보려 한다.

정부도 이런 점에 착안해 '농산어촌 RIS'의 구축을 강조하고 있다. 즉, 「제1국가균형발전 5개년 계획」을 통해 정부는 농산어촌형 RIS의 구축과 지역경제 활성화 및 도 · 농간 상생 발전의 긴밀한 연계성에 역점을 두고 이를 국가균형발전 정책의 차원에서 대대적으로 추진해 갈 계획임을 밝힌 것이다. 여기서 말하는 농산어촌형 RIS란 산업 기반과 혁신 역량이 취약한 농산어촌 지역의 역량 강화를 위해 지역의 내부 인사, 출향 인사, 인근 대학 등과의 네트워킹을 통해 구축하는 개방형 지역혁신체계를 의미한다. 정부는 이를 위해 해결해야 할 주요 과제로 새로운 생활유형에 부응하는 5도(都) 2촌(村) 사업의 시행, 농업 및 지역 발전을 견인할 '지방농업혁신 클러스터' 육성, 1차 산업의 혁신과 2, 3차 산업과의 융합,[5] 주민 평생학습 프로그램의 실시 등을 든다(국가균형발전위원회 · 산업자원부, 2004). 신활력 사업은 이 같은 과제들의 실현을 통해 도농의 상생 발전을 위한 비전을 갖고 있다. 이러한 비전 아래 구축되는 농산어촌형 RIS의 모습은 일반적으로 다음과 같다([그림 9]). 이미 국가균형발전위원회에서는 대표적인 농산어촌형 RIS의 유형과 사례도 발굴하여 소개한 바 있다(〈표 26〉). 강원 북부권 4개 군의 농산어촌형 RIS를 구축하고 운영할 때에도 이와 같은 사례들은 참고가 될 수 있을 것으로 보인다.

그러면 좀더 구체적으로 들어가서 강원 북부권 농촌 지역의 RIS를 구축할 때 권역 소재 대학과 지방자치단체들이 일차적으로 주목하고 역점을 두어야 할 측면은 어떤 것일까. 앞서 살펴본 정부의 과제 제시에서도 시사된 바 있지만, 본 연구진의 판단으로는 다음 2가지 사항이 가장 중요하다. 지역 개발을 위한 정책 연구 네트워크의 구축, 그리고 평생교육 시스템의 구축이 그것이다. 이런 측면에서 실질적인 성과를 낼 수 있는 시스템을 과연 어떻게 구축하고 운영하느냐에 따라 강원 북부권의 미래는 상당 부분 좌우될 것으로 보이기 때문이다.

그렇다면 농촌 지역 개발을 위한 정책 연구 네트워크의 구축 여건은

5) '선운산 복분자' 브랜드화의 사례와 같이, 농업 중심의 1차 산업에 가공, 유통 등의 2차 · 3차 산업을 연계시켜 지역산업의 고부가가치화를 추진하고 새로운 일자리를 창출하는 것을 의미한다(국가균형발전위원회 · 산업자원부, 2004: 17).

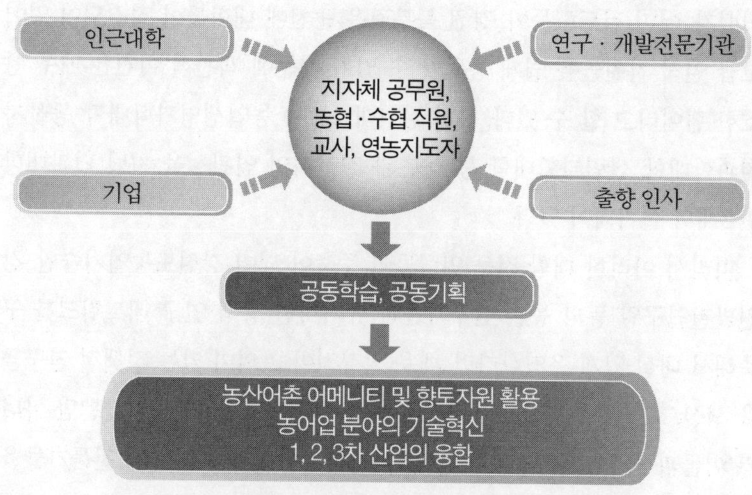

[그림 9] 농산어촌형 RIS의 구축

출처: 국가균형발전위원회(2004d).

〈표 26〉 농산어촌형 RIS의 유형과 사례

분야	사례: 시 · 군
1, 2, 3차 산업융합	보성녹차 지리적 표시제 순창 장류 클러스터 보령 머드 브랜드화
향토자원활용	내나무 신산업화 안성농업 연합마케팅
농산어촌 체험	강화 농경 문화관 진안 능길 마을
문화관광/장소 판촉	함평 나비축제 금산 인삼축제 안동 국제탈춤
교육혁신 RIS구축	거창 고교교육 패러다임 전환 순천 평생학습체계 구축

출처: 국가균형발전위원회(2004d).

어떤가. 이미 검토했듯이, 강원 북부권은 춘천에 대학들이 집결되어 있어 고급 인적 자원들을 쉽게 동원할 수 있기 때문에 객관적 여건은 매우 양호한 편이라고 할 수 있다. 특히 강원대학교는 농업생명과학대학, 동물자원과학대학, 산림과학대학 등, 농촌과 직접적인 연관성을 지닌 단과대학만 3개나 설치되어 있다.

따라서 이러한 대학 전문 인력들이 주축이 되어 강원도농업기술원, 강원발전연구원 등의 농촌 연구자들과 유기적인 정책 연구 네트워크를 구축해서 내실 있게 운영한다면, 매우 실질적이고 의미 있는 정책적 연구들을 생산, 축적해 갈 수 있을 것으로 예상된다. 또 농촌 전문가들뿐만 아니라 이들과 공동연구 작업을 할 만한 인문 · 사회과학 분야의 전문가들을 함께 연구 조직을 만들어 운영한다면, 학제적 정책 연구를 통한 시너지 효과도 얼마든지 기대할 수 있을 것이다. 유사 전공의 연구자들은 관점이나 대안 모색의 방법론 자체가 비슷해서 대상을 폭넓게 바라보지 못하고 오히려 중요한 대목들을 간과할 개연성이 높기 때문이다. 따라서 이런 가능성을 차단하고 생산성 있는 정책 연구가 이루어지도록 농촌이나 농업 이외 분야의 연구자들을 애초에 이와 같은 부류의 연구 팀에 합류시키는 구조를 만들 필요가 있다는 것이다. 이를테면, 강원 북부권의 실정에 가장 잘 부합되는 농촌 지역혁신 클러스터를 구성하고자 할 때, 필요한 전문가는 농업생명과학대학이나 산림과학대학 소속의 교수들만은 아니라는 얘기다. 이 경우에는 지역경제학자, 조직론 전공자, 농촌사회학자, 지역사회학 전공자, 경영학자, 산업사회학 전공자 등과 같은 인근 분야의 전문가들이 가능한 한 함께 참여해야 더 나은 결과를 기대할 수 있다는 것이다.

한편, 강원 북부권은 공무원과 일반 주민들을 위한 평생교육 네트워크를 구축하기 위한 여건에서도 다른 지역보다 유리한 편이다. 교육 영역에서도 연구 네트워크를 구축할 때 갖는 강점을 그대로 활용할 수 있기 때문이다. 즉, 춘천 권역에는 강원대학교를 비롯해서 여러 대학과 연구원에 1차 산업 분야와 관련된 연구를 하는 전문가들이 대거 포진해 있다. 따라서 이러한 대학 전문 인력과 연구 조직 및 설비들을 활용한 평생교육 네트워크를 구축한다면, 매우 효율적인 교육 네트워크를 얼마든지 만들 수 있다는 것이다. 또 지역 대학의 다양한 사회과학 분야의 전문가들도 동원할 수 있는 여건이 갖추어져 있기 때문에 지역민들이 거시적인 사회과학적 관점을 갖고 지역 발전 문제에 접근할 수 있도록 유도하는 교육체계도 충분히 구축할 수 있다. 농업이나 산림 분야의 경쟁력 강화 전략과 관련된 교육에 역점을 두되 세계경제의 흐름, 세계적인 농산물 수급 현황, 지구화, 정보화, 분권화, 한국 사회의 이해 등과 같은 사회과학적 과목을 이런 교육과정에 적절히 접목시킨 교육 네트워크를 구축할 수 있다는 것이다.

다만, 이 맥락에서도 강조하고자 하는 것은 평생교육 네트워크를 구축하고 운영하고자 할 때 구심점을 분명히 할 필요가 있다는 점이다. 농민교육은 다른 부문에 비해 교육이 많지 않은 데다 그나마 여러 기관에 의해 분산된 형태로 이루어져 내용의 중복이 많고 실용적인 교육이 제대로 실시되지 못했다는 비판을 받아왔기 때문이다(농촌청소년문화연구소, 2004). 이런 점을 고려할 때, 농업이나 산림 분야의 전문 인력이 풍부한 지역 대학에 위탁해서 평생교육 조직과 프로그램을 짜서 실시하도록 하는 전략을 구사할 필요가 있다는 것이다.

이런 교육과정의 기본 틀을 만드는 방법으로는 강원 북부권의 5개 기초자치단체가 지역의 거점 대학과 협약을 맺고 운영위원회를 구성해 정기적인 점검과 보완을 해 나가는 방식을 고려해 보았으면 한다. 물론 이런 교육 네트워크의 구축은 지역의 거점 대학이 주도하도록 해야겠지만, 한 대학이 도맡아 하는 것은 바람직하지 않다. 정책 연구 네트워크를 구축할 때와 마찬가지로, 특정 대학이 중심이 되되 강원도농업기술원, 춘천시농업기술센터, 화천군농업기술센터, 강원발전연구원 등의 관련 전문가들과 함께 일종의 컨소시엄과 같은 형태로 조직화하도록 해야 한다는 것이다. 그래야 특정 전문가집단의 이해관계에 얽매이지 않고 도내의 전문역량을 최대한 활용하는 교육 시스템을 정착시킬 수 있기 때문이다. 가칭 '강원 북부권 평생교육단'과 같은 중심 조직을 만들어 기본적인 교육을 실시하면서 그 하부에 다양한 교육 프로그램 조직들을 태스크 포스팀 형태로 유연하게 구성해 운영한다면 지역의 기초를 다지면서도 신축성과 기동성을 갖춘 교육이 가능할 것으로 전망된다. 특히 앞서 살펴본 정책연구 네트워크에서 생산된 정보와 지식들도 수시로 이런 교육과정에 반영해 즉각 활용될 수 있도록 연구와 교육의 연계성을 높이는 데 관심을 기울이는 것도 중요할 것이다.

평생교육 네트워크를 구축하는 과정에서 자치단체와 대학은 학생들의 현장교육 참여를 강화하는 일에도 유의할 필요가 있다. 강원 북부권은 기업체의 부족으로 학생들의 현장실습 기회가 매우 부족한 실정이다. 기업체 방문이나 현장교육이 거의 이루어지지 않고 있는 것도 이 때문이다. 하지만 역으로 농업 관련 분야를 생각해 보면 농촌의 현실을 이해하고 향후 어떤 대응 전략이 요구되는지를 고민하고 연구해 볼 수 있는 현장은 도처에 널려 있다. 이런 현실적 조건을 감안해 농촌 관련 분야의 전공에서 학부생과 대학원생 대상의 농촌 현장실습교육을 보다 체계화하려는 지침을 세운다면, 지역 차원에서도 이를 강점으로 선용할 수 있는 여지는 확보될 수 있을 것으로 보인다. 학생들의 농촌 현장교육은 다음과 같은 이중적 의미를 지닐 수 있기 때문이다.

우선, 현장교육에 주목할 경우, 이를 통해 이론과 현실의 접목이 가능해지기 때문에 학생들로서는 적어도 이 분야에서 다른 어떤 전공 못지않게 현실 감각을 익힐 수 있다는 장점이 있다. 다른 하나는 지역사회 봉사자로서 지역에 기여하는 기회를 갖게 된다는 실천적 측면이 있다. 대학에서 배운 이론적 지식이나 기술을 현장의 농가에 전수함으로써 농촌 지역 개발에 실질적인 보탬이 될 수 있다는 얘기다. 이를테면, 농촌 정보화 교과목을 계기로 농촌 현장에서 실습을 할 경우, 학생들은 농촌 정보화의 실태도 파악할 뿐 아니라, 농가 주민들의 정보화 역량을 신장시키는 교사로서의 역할도 부분적으로 수행할 수 있다는 것이다.

지역과 대학 간의 관계라는 관점에서 볼 때, 이와 같은 교육 프로그램의 활성화는 지역과 대학의 일체감을 강화할 뿐만 아니라 지역사회에 필요한 미래의 인재를 육성하는 계기(염돈민, 2005)도 될 수 있다. 이런 과정에서 지역사회에 대한 학생들의 관심과 정주의식도 제고될 수 있음은 물론이다.

4) 교육 · 연구 도시로서의 춘천

춘천은 강원도의 수부 도시이자 강원 북부권의 중심 도시다. 춘천을 중심으로 한 강원 북부권은 춘천에 집중되어 있는 대학들(〈표 23〉 참조)과 지식 기반 산업체들로 인해 도내에서도 원주권이나 강릉권에 비해 '연구 · 개발 인프라가 높은 편'(노영성, 2004)이다. 따라서 강원 북부권 중에서 춘천은 상대적으로 풍부한 연구 · 개발 인프라를 활용한 교육 · 연구 도시로 적극 육성하는 지역 개발 전략을 선택할 필요가 있다. 이런 관점에서 춘천의 미래 발전을 뒷받침해 줄 수 있는 계기들과 관련지어 이를 몇 가지 측면으로 나누어 살펴보면 다음과 같다.

첫째, 춘천의 미래를 교육 · 연구 도시에서 찾는다는 전제에서 보면, 강원도로 이전할 공공기관의 분산 배치를 계기로 춘천의 특성을 강화하고 강원도 전체의 생산력을 높일 수 있는 방안을 찾아야 할 것이다. 현재의 혁신도시 입지선정 기준으로 볼 때, 춘천이 혁신도시로 선정될 가능성은 낮아 보인다. 따라서 춘천의 경우에는 혁신도시 유치라는 전략보다는 앞서 언급한 바와 같은 관점에서 춘천이 지니고 있는 장점과 연계시킬 수 있는 일부 공공기관의 이전을 추진하는 방안이 오히려 현실적인 전략이 될 수 있다. 즉, '한국지방행정연구원'과 '국립과학수사연구소'(국가균형발전위원회 · 건설교통부 외, 2005)를 권역별 특성화 발전 차원에서 춘천으로 개별 이전하도록 유도하는 것이 현재로선 의미 있는 대안이 될 수 있다는 것이다. 예컨대, 한국지방행정연구원과 춘천의 강원대, 한림대, 강원발전연구원 등에 소속된 관련 전공의 연구진이 함께 지방행정의 혁신과 발전을 위한 이론적 · 경험적 연구를 생산해 내고 전문교육을 실시하는 네트워크를 구축해 운영한다면, 춘천 지역을 지방행정의 연구와 교육의 메카로 성장시킬 수 있는 가능성도 적지 않다는 것이다. 국립과학수사연구소의 경우도 같은 원리에서 효과를 기대할 수 있다.

물론 인적 자원들의 네트워크화를 효율적으로 추진하고 공공 연구기관의 이전이 이루어진다고 해서 지역에서 현재 활동중인 전문 인력들만으로 이런 비전을 실현할 수 있을 것으로 낙관하기는 어렵다. 특정 지역으로 공공 연구소가 2~3개 이전해 기존의 인적 네트워크에 합류한다고 해서 그 지역이 곧바로 해당 분야의 연구 중심지로 급부상하게 되는 것은 아니기 때문이다. 따라서 춘천의 미래상을 이런 방향으로 실현하기 위해서는 공공 연구기관의 이전과 동시에 지역의 대학들도 학내 구조 조정을 거쳐 이와 연관된 학과들을 대학 특성화 차원에서 신설하고 전문 인력을 보강하고자 하는 의지와 실천이 수반되어야 한다. 이런 점에서 춘천 소재의 대학들은 지방행정학과, 자치행정학과, 경찰학과, 범죄사회학과 등과 같은 학과를 신설하거나 아예 기존의 관련 학과들과 함께 '지방행정대학', '행정대학원' 등과 같은 단과대학이나 전문대학원의 설치를 적극적으로 검토해 볼 필요가 있어 보인다. 이러한 시도들은 교육 · 연구도시로서의 춘천 육성이라는 지역 발전의 비전을 구현해 가는 데도 일조할 수 있음은 더 말할 나위도 없다.

둘째, 춘천 지역을 연구도시로 발전시키고자 할 때, '한류의 연구기지'

로서의 춘천이라는 미래상을 의미 있는 또 하나의 지향점으로 적극 검토해 볼 필요가 있다. "겨울연가"를 계기로 외국인들, 특히 일본인들의 관심을 끈 춘천에는 외국 관광객의 발길과 다양한 한류 관련 세미나들이 꾸준히 이어져 왔다. 이 같은 상황에서 '호반의 도시'라는 춘천의 낭만적 이미지를 배경으로 한류를 지역 학계 차원에서 학문적으로 정착시킬 수만 있다면 지역 발전의 새로운 장을 열 수도 있으리라는 것이다. 춘천이 한류의 연구 중심지로 자리잡을 경우에 그것이 춘천의 발전에 미치는 영향은 여러 측면에서 매우 클 것으로 예상된다.

몇 가지 예상되는 경우를 생각해 보자. 이를테면, 연구의 일환으로 춘천을 찾는 관광객들의 관광 동기나 만족도 등에 대한 객관적인 분석이 이루어질 경우, 춘천 지역으로의 관광객 유치에 유리한 조건들이 드러나기 때문에 이를 지역경제 활성화를 위한 과학적인 자료로 요긴하게 활용할 수 있을 것이다. 또 한류 스타들에 대한 연구와 이들과의 만남을 연결시키는 행사를 축제처럼 기획하고 관광기관이나 여행사 등과 연계해 홍보할 경우에는 관광객들의 춘천 방문을 일정한 궤도에 올려놓을 수 있을 것이다. 마임축제와 같은 춘천의 문화 행사와 한류 열풍을 적절하게 결합시켜 문화적 이벤트를 만들어 내고 관광과 연계시킨다면, 이것도 국제적 수준에서 춘천 지역의 이미지 제고와 관광객 유치에 큰 도움이 될 수 있을 것이다. 이러한 시도들이 성과를 거둘수록, 춘천은 한류의 연구 중심지로서 그 위상을 토대로 우리 문화에 대한 자긍심을 높이고 문화 시대를 선도하는 문화도시의 거점으로도 발돋움할 것이다.

셋째, 춘천의 전문 인력들을 중심으로 외지의 일부 전문가들과 결합된 네트워크를 구축함으로써 지식문화산업을 연구하고 유관 분야의 인재들을 육성하는 데 역점을 두는 것도 춘천을 연구 · 교육도시로 개발하는 하나의 중요한 통로가 될 수 있다. 이는 그간에 춘천시가 주력해 온 발전 전략이기도 하다. 춘천시는 시청 홈페이지(http://www.chuncheon.go.kr)에서 춘천이 실제로 "다양한 인적 자원과 수준 높은 문화예술을 바탕으로 한국 '지식문화산업'의 중심 도시로 부상"했음을 강조하고 있다. 강원 북부권 소재 대학들의 문화 전공자, 애니메이션 전공자, 예술인, 문학인, 지역경제 연구자, 지식산업 연구자, 춘천시, 춘천 지역 소재의 문화예술단체 등이 긴밀한 네트워크를 구축해서 이러한 조직을 토대로 춘천을 지식문화산업의 연구와 전문 인력 육성의 전진기지로 발전시켜 간다면, 이것도 춘천을 연구 · 교육도시로 성장시키는 데 기여하는 하나의 방법이 될 수 있을 것임은 더 말할 나위도 없다.

춘천 소재의 대학들과 춘천시, 강원도 등은 이러한 몇 가지 계기들을 적절히 활용해서 춘천을 교육 · 연구의 도시로 발전시키는 전략을 주요 전략의 하나로 설정하여 추진할 것을 적극적으로 고려해 보아야 할 것이다.

5) 그린투어리즘의 활성화

[그림 10]에서 보듯, 강원도는 공공기관의 지방 이전을 추진하는 과정에서 육성해야 할 대표적인 지역 전략산업으로 '관광'이 지목될 정도로 청정 자연환경을 활용한 지역 개발 전략의 필요성이 강조되고 있다. 강원 북부권의 5개 시 · 군도 모두 이에 해당됨은 물론이다.

그런데 문제는 강원도의 경우에도 우리나라의 관광이 지니고 있는 일반적인 문제점을 극복하지 못하고 있다는 점이다. 즉, 자연 경관에 의존하는 것 외에 내놓을 만한 독특한 관광 상품들을 개발하지 못해 관광객의 유입에도 불구하고 여전히 경제적 효과가 저조하다는 것이다(정준호, 2002: 240). 이런 점에서 강원도 전역, 특히 강원 북부권의 지정학적 환경과 특성에 맞는 관광 프로그램을 개발하고 운영하는 데 적극적인 관심을 기울여야 함은 재론의 여지가 없다.

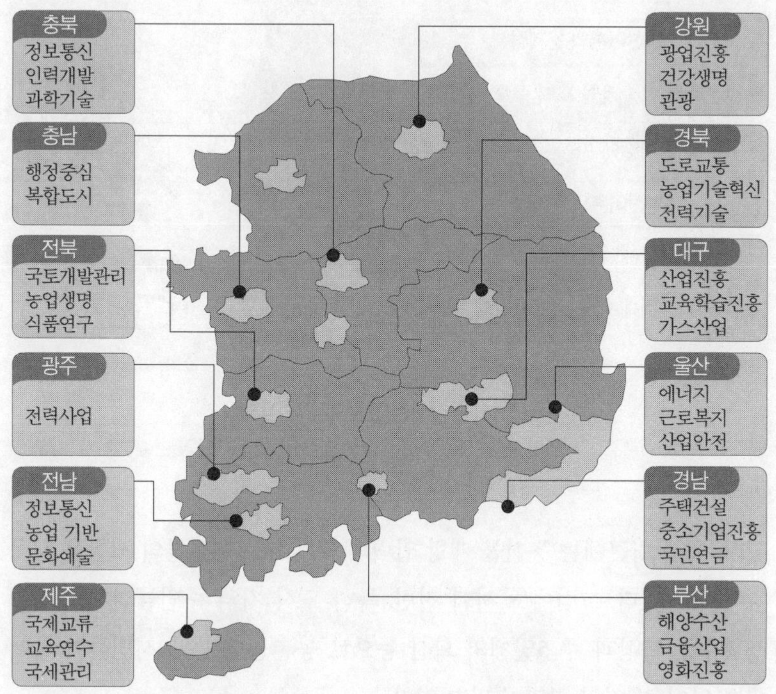

[그림 10] 공공기관 지방 이전 계획을 통해 본 전국 광역단위별 지역 전략산업

출처: 국가균형발전위원회(2005c: 25).

강원 북부권은 산과 바다를 끼고 있는 속초, 양양, 고성, 강릉 등과는 달리 전형적인 농촌 내지 산촌의 성격을 띠고 있다. 따라서 관광에 역점을 두되 영동 지역과는 차별화된 관광 상품과 프로그램을 개발하는 데 주목할 필요가 있다. 이런 방향의 작업에 앞서 일차적으로 점검해 보아야 할 것은 우리나라의 농산어촌이 처해 있는 상황과 발전 잠재력에 관한 사항이다. [그림 11]에서 보듯, 우리나라의 농촌 지역은 오랜 기간에 걸친 이촌향도(離村向都) 현상으로 젊은이들이 지속적으로 줄어들어 고령화 지대로 전환되었을 뿐만 아니라 농산물의 채산성 악화로 경제적 침체에 빠져

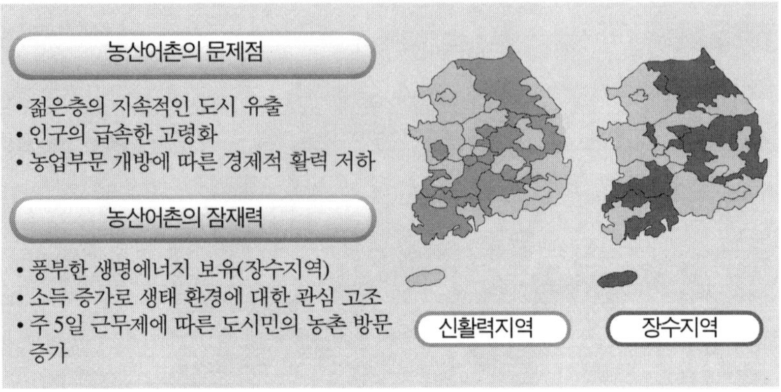

농산어촌의 문제점

- 젊은층의 지속적인 도시 유출
- 인구의 급속한 고령화
- 농업부문 개방에 따른 경제적 활력 저하

농산어촌의 잠재력

- 풍부한 생명에너지 보유(장수지역)
- 소득 증가로 생태 환경에 대한 관심 고조
- 주 5일 근무제에 따른 도시민의 농촌 방문 증가

신활력지역

장수지역

[그림 11] 농산어촌의 문제점과 잠재력

출처: 국가균형발전위원회(2005c: 21).

있다. 특히 최근에는 농산물 개방 압력의 구체화로 농민들의 시름은 더욱 깊어지고 있다. 그럼에도 사회 전반, 특히 도시 지역 주민들의 평균적인 생활수준 향상과 주 5일제의 확산 등으로 농촌을 찾는 도시민들이 늘어나고 있어 한 가닥 희망이 되고 있다.

이른바 '5도(都)2촌(村)' 사업에 토대를 둔 농산어촌 지역 개발 사업이 시도된 것도 이런 맥락에서다([그림 12]). 녹색농촌체험 마을, 전통테마 마을을 비롯해서 최근 시작된 신활력 사업 등이 모두 이에 속하는 사업들이라고 할 수 있다. 이런 일련의 사업들은 흔히 얘기하는 '그린투어리즘'(green tourism)이라는 용어와도 긴밀하게 연계되어 있다. 여기서 말하는 그린투어리즘이란 "녹색이 풍부한 자연 경관 속에서의 휴양, 자연 관찰, 지역의 전통적·개성적 문화와의 만남, 농촌생활 체험, 농촌 사람들과의 교류를 위한 여행"을 의미하는 것으로서 '체재형 농가민박', '농촌 체험', '도농교류' 등과 같은 다양한 뜻을 내포하고 있다(전운성, 2000: 488). 전형적인 농업소득만으로는 농산어촌을 지탱할 수 없기 때문에 지역경제를 살리고 지역에 새로운 활력을 불어넣기 위해서는 그린투어리즘을 활성화

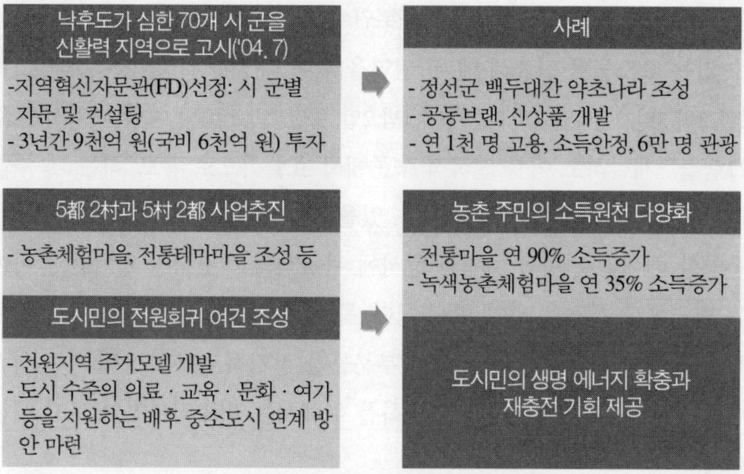

낙후도가 심한 70개 시 군을 신활력 지역으로 고시('04. 7)		사례
-지역혁신자문관(FD)선정: 시 군별 자문 및 컨설팅 - 3년간 9천억 원(국비 6천억 원) 투자	➡	- 정선군 백두대간 약초나라 조성 - 공동브랜, 신상품 개발 - 연 1천 명 고용, 소득안정, 6만 명 관광
5都 2村과 5村 2都 사업추진		농촌 주민의 소득원천 다양화
- 농촌체험마을, 전통테마마을 조성 등		- 전통마을 연 90% 소득증가 - 녹색농촌체험마을 연 35% 소득증가
도시민의 전원회귀 여건 조성	➡	도시민의 생명 에너지 확충과 재충전 기회 제공
- 전원지역 주거모델 개발 - 도시 수준의 의료 · 교육 · 문화 · 여가 등을 지원하는 배후 중소도시 연계 방안 마련		

[그림 12] 일반적인 농촌 지역 발전방안

출처: 국가균형발전위원회(2005c: 23).

하는 전략을 지역 개발 전략으로 적극 고려할 필요가 있다는 문제의식[6]이 여기에 내재해 있다.

그렇다면 그린투어리즘의 활성화를 통해 강원 북부권의 지역 개발을 도모하기 위해서는 어떤 방향의 전략을 설정해야 할까. 우선, 강원 북부권이 '그린투어리즘의 활성화를 통한 강원 북부권의 공동 개발'이라는 문제의식을 공유하고 실천적인 조직을 만드는 것이 중요하다고 생각된다. 이를테면, 그린투어리즘 센터의 설립이 하나의 대안이 될 수 있다. 이런

6) 강원 북부권의 개별 지역들도 사실은 이런 문제의식을 이미 갖고 있다. 예컨대, 인제군의 경우 '새 농어촌 건설 운동'의 우수마을로 산림휴양마을, 산촌체험마을, 냇강체험마을 등이 선정된 바 있다(인제군 · 인제군지역혁신협의회, 2005). 따라서 이러한 발상 자체를 불어넣는 작업보다는 그 다음 단계로 개별 지역들을 강원 북부권 전체의 틀 속에서 어떤 방식으로 결합시켜야 시너지 효과를 극대화할 수 있겠는가 하는 쪽에 관심을 기울여야 할 것으로 보인다.

공동의 센터를 중심으로 강원 북부권이 각 자치단체별로 관광자원화할 수 있는 요소들을 적출해 낸 뒤 권역을 묶어 다양한 일정(예컨대, 당일, 1박 2일, 2박 3일, 3박 4일, 4박 5일, 주말 1박 2일, 주말 2박 3일)의 여행 패키지 프로그램을[7] 개발하고 이를 전국적 수준에서 효율적으로 홍보[8]하는 데 주력하는 전략의 채택을 검토해 볼 수 있을 것이다. 물론 이런 프로그램들을 운영할 때에는 관광을 마침과 동시에 관광객의 객관적인 평가를 얻어내는 작업에도 신경을 써야 할 것이다. 즉, 관광객들의 패키지별 반응에 대한 지속적인 점검을 통해 부족한 부분들을 정기적으로 보강해 가는 시스템을 구축하는 것이 관광의 활성화를 위해서는 필수적이라고 보기 때문이다.

강원 북부권 농촌 지역의 경우 그린투어리즘의 정착은 마을의 관광 소득 이외에도 도농교류와 지역 생산물의 판매를 확대할 수 있는 중요한 계기를 마련하는 부수적인 효과도 거둘 수 있을 것으로 보인다. '토고미 오리쌀'로 널리 알려져 있는 토고미 마을의 사례가 이런 가능성을 시사해 준다. 토고미 마을은 사계절 농촌체험관광을 계기로 마을을 방문한 내방객들과 지속적인 교류를 하면서 마을의 브랜드 상품인 토고미 오리쌀을 이들에게 공급하는 시스템을 구축하는 데 성공했다. 물론 이와 같은 성과

7) '민통선' 일주 코스, '비목의 현장' 코스, '펀치볼 지구' 코스 등(전동환, 2002: 280)과 같이 강원 북부권 소재의 다양한 역사적 · 문화적 현장들을 하나의 관광 코스로 묶는 매력적인 프로그램들을 개발하여 운영할 필요가 있다.

8) 홍보 전략으로는 각 자치단체의 홈페이지, 민간 부문에서 운영하는 권역 내의 홈페이지, 도내 다른 권역들의 홈페이지, 도청 홈페이지, 한국관광공사 홈페이지, 주요 여행사 홈페이지 등과 같이 지방자치단체는 물론 관광 관련 기관과 여행사의 홈페이지 등에서 쉽게 검색되고 바로 접속이 이루어질 수 있도록 연동 시스템을 구축하는 것이 특히 중요하다고 본다. 이 밖에 주요 도시의 기차역, 전철역, 버스역, 지하도 등의 요지에 강원 북부권의 그린투어리즘에 관한 홍보물을 게시하는 방법도 적극적으로 모색해 보아야 할 것이다.

는 마을 지도자들을 비롯한 주민들의 각고의 혁신 노력이 있었기 때문에 가능했다. 2004년 처음 도입한 토고미 오리쌀의 자체 등급제의 실시에서 볼 수 있듯이, 마을 주민들은 마을에서 생산하는 친환경농산물의 품질 제고를 위해 지속적인 관심을 기울임으로써 고객들의 신뢰를 쌓아 온 것이다(김원동 · 박준식, 2004). 위의 토고미 마을 사례에서 보듯, 강원 북부권에서 생산하는 친환경농산물의 품질 관리, 도시 소비자로부터의 두터운 신뢰 획득 등을 위한 노력이 그린투어리즘과 적절하게 연계되도록 하는 전략을 짠다면, 이는 강원 북부권의 지역개발을 위한 의미 있는 하나의 대안이 될 수 있을 것이다.

강원 북부권의 혁신 주체들은 관광과 농산물의 판로를 연계하는 방식 외에 지역 농산물들의 안정적인 유통망 구축과 지속적인 확대를 위한 별도의 전략들도 적극적으로 모색해 나가야 한다. 이를테면, '일사일촌'(一社一村) 운동처럼, 강원 북부권의 마을들이 강원 북부권의 대학, 초 · 중 · 고등학교, 공공기관, 주변의 대형 음식점 등과 자매결연을 맺고 양질의 자체 생산 농산물을 공급할 수 있도록 하는 제도적인 방안을 강구해 보자는 것이다. 그렇게 해서 일단 강원 북부권의 공동체가 농산물 수급에 있어 자급자족적인 경제공동체가 되도록 해 보자는 것이다. 그와 동시에 강원 북부권의 마을들은 강원도 인근 도시 지역의 아파트 주민들과의 결연을 통해 같은 방식으로 안정적인 판로를 확보하고 이를 확충해 가는 전략에도 관심을 기울여야 할 것이다.

6) 강원 북부권 정보 네트워크의 구축

정보화 시대에서 지역 경쟁력의 중요한 원천 중 하나는 지역간의 정보 네트워크를 구축하여 정보를 상호 공유하는 일이다. 넓은 지역에 적은 인구가 흩어져 생활하는 지정학적 여건으로 인해 다른 곳보다 상대적으로 불리한 강원 북부권에서는 이 점에 유의하는 것이 특히 중요하다. 이런 상황에서 기존의 자원과 새롭게 투입되는 다양한 자원과 정보들을 최대한 연계시켜 상호간의 활용을 극대화하는 것은 매우 요긴한 지역 발전 전략이 될 수 있다. 그렇다면 어떤 방법으로 정보 네트워크를 구축하는 것이 효율적일까.

우선, 앞서 언급한 방식으로 5개 시 · 군별 정책연대기구와 교육이 실시된다고 한다면, 보안상의 특별한 이유가 없는 한 이러한 과정에서 파생되는 일체의 정보를 자치단체의 홈페이지에 올리는 것이 가장 기본적이면서도 중요한 방법이 될 수 있다. 말하자면, 각 자치단체의 홈페이지에 가칭 '정책 정보 및 자료', '교육 정보 및 자료' 등과 같은 항목을 상설화해서 이곳에 모든 관련 정보들을 올려놓자는 것이다. 기왕이면 강원 북부권 자치단체들의 정보화 부문 관계자들이 모여서 공동의 항목을 협의해 적어도 이 부문에서는 표준화된 항목을 갖추게 된다면, 해당 공무원들은 물론 지역 주민들의 이용도와 편의성을 높이는 데 도움이 될 것이다. 몇 가지 원칙만 확정해서 실천한다면 이 항목에 올릴 정보는 매우 많을 것으로 예상된다. 예컨대, 공무원이나 주민 대상의 교육 프로그램에서 실시된 다양한 교육 자료들이 일차적인 대상이 될 수 있을 것이다. 모든 강의 원고뿐 아니라 일부 특강을 동영상의 형태로 보고 들을 수 있게 해 둔다면, 지역 주민이나 공무원들이 필요할 때마다 언제든 반복해서 학습할 수 있게 될 것이다. 신활력 사업을 비롯한 지역혁신 사업을 통해 연구된 보고서, 각종 세미나와 심포지엄의 자료들도 모두 올려두는 것을 제도화할 필요가 있다. 교육 강사나 연구진에게도 이 점을 사전에 주지시킴으로써 강의 자료의 제작과 연구작업이 이루어질 수 있도록 해야 할 것이다. 그러한 작업이 효과를 거두려면 관계자들에게도 그러한 노력에 상응하는 보상이 주어지는 체계를 갖추는 것도 중요하다. 이 같은 방법이 제대로 정착되기만 한다면, 지방자치단체의 홈페이지는 해당 지역의 실태, 문제점, 미래의 발전 대안, 다양한 혁신 시도 등을 파악하는 데 필요한 각종 정보들을 갖춘 지역종합정보센터로도 그 기능을 다할 수 있을 것이다.

지방자치단체의 홈페이지에서 제공되는 이러한 정보들은 지역 개발을 위해 투자되는 예산들이 생산적으로 쓰이고 있는지 그 여부를 가늠할 수 있는 근거를 자발적으로 제공하는 부차적 기능도 할 수 있을 것이다. 낙후 지역 개발에는 막대한 정부예산이 투입되기 때문에 예산의 효율적 집행이라는 관점에서 보면 이는 꼭 필요한 작업이기도 하고, 행정의 투명성을 높이는 방법의 하나도 될 수 있다. 이 같은 시도들은 중앙정부 차원에서 추진하고 있는 지식정보자원의 관리와도 연계성을 갖는다.

지금도 부분적으로 이루어지고는 있지만 각 지방자치단체의 홈페이지는 해당 지역에서 정보를 생산, 발신하는 사이트들의 허브(hub)로서의 역할도 수행할 수 있도록 신경을 써야 할 것이다. 지방자치단체가 자기 권역의 핵심적인 지역사회정보망(community network)이 된다는 것은 정보화 시대에 의미 있는 하나의 지역 개발 전략이 될 수 있기 때문이다. 지방자치단체의 홈페이지들은 가능하다면 여기서 한 걸음 더 나아가 자기 권역의 지연산업(地緣産業)이나 전략산업과 연계된 유용한 정보나 지식들을 제공해 주는 사이트들을 연동시키는 일에도 관심을 기울일 필요가 있다. 지방자치단체의 홈페이지에서 그러한 사이트들에 바로 접속할 수 있도록 해 주는 것은 외부 기관들에 의해 부단히 생산되는 최신 정보들을 수시로 쉽게 접할 수 있게 해 주는 효과가 있기 때문이다. 이는 곧 지역의 역점 산업에 필요한 정보들을 온라인에서 신속하게 입수하여 활용할 수 있게 하는 방법이라는 점에서 유용한 지역 개발 전략이 될 수 있다. 이 경우에 지방자치단체의 홈페이지는 자체에서 생산한 정보 외에 중요한 외부의 정보들을 간접적으로 제공하는 종합정보센터로서의 역할도 수행하는 것이기 때문에 지역 개발을 위한 전략적 자원으로서의 가치도 그만큼 커지는 셈이다.

이와 같이 지방자치단체가 자신의 홈페이지를 중심으로 지역의 정보 네트워크를 폭넓게 구축하고자 할 때, 중시해야 할 또 한 가지 측면은 오프라인(off-line) 상에서 언론사들과의 긴밀한 네트워크를 만드는 일이다. 말하자면 강원 북부권 자치단체들이 정보 네트워크의 형성을 통해서도 지역 발전을 도모하기 위해서는 온라인뿐만 아니라 오프라인 상에서 정보의 생산 및 유통과정에 핵심적인 역할을 하는 언론기관들과 공조체제를 갖추려는 노력도 있어야 한다는 것이다. 온라인에서 자치단체별로 추진하는 네트워크화만으로는 정보의 공유와 확산 및 활용에 한계가 있기 때문이다.

농촌 지역이 많은 강원 북부권의 중장년층은 아직도 인터넷보다는 방송이나 신문을 통해 각종 정보를 전달받는 경우가 많다는 점을 간과해서는 안 된다. 또 자치단체들이 생산한 온라인 상의 무수한 정보들 중에서 중요한 정보를 지상파 방송이나 신문을 통해 발췌하여 제공할 수 있게 된다면, 이는 정보화에 익숙한 젊은 세대들에게도 핵심 정보를 간추려 제공하는 의미가 있다는 점에서 오프라인 언론을 효과적으로 활용하는 것이 된다. 젊은 세대들이 인터넷 신문과 방송을 통해 그와 같은 정보들을 다시 접할 수 있다는 점에서 보더라도 지방자치단체의 오프라인 언론사와의 정보 네트워크 구축은 선별된 정보를 제공하도록 하는 중요한 기능을 할 수 있다. 따라서 강원 북부권의 5개 시 · 군은 가칭 '강원 북부권 정보자원관리협의회'와 같은 조직을 언론기관들과 공동으로 구성해서 지역개발 정보들을 축적하고 공유하며 확산시키는 효율적인 방법들을 계속 찾아내야 할 것이다.

도내 언론사들이 춘천에 집중되어 있기 때문에(〈표 27〉 참조) 언론과의 유기적인 협력체계 구축에 적극적인 관심을 갖는다면, 강원 북부권의 지방자치단체들은 다른 권역보다 언론과의 접촉을 고려할 때 지정학적인 측면에서 상당히 유리하다. 첨단 정보화 시대로 접어든 오늘날 지역의 전

〈표 27〉 춘천 소재 언론사 현황(2004년 12월 31일 현재)

언론사명	개국(창사)	홈페이지(전화번호)
강원도민일보	1992.11.26	http://www.kado.net(260-9000)
강원일보	1945.10.24	http://www.kwnews.co.kr(252-4881)
연합뉴스	1980.12.19	(255-7811)
KBS춘천방송총국	1944.10.17	http://chuncheon.kbs.co.kr(258-7200)
MBC춘천문화방송	1968.7.13	http://www.chmbc.co.kr(259-1101)
CBS춘천방송	1995.5.2	http://www.cbs.co.kr/chcbs(255-2155)
GTB강원민방	2001.12.15*	http://www.igtb.co.kr(248-5000)
BBS춘천불교방송	2002.11.1**	http://www.chbbs.co.kr(250-2114)
GBN강원방송	1995.3.2	http://www.igbn.co.kr(242-2131)
YTN춘천지국	1995.3.1	252-2341

주1: *은 홈페이지에서 확인, **은 방송사와의 통화를 통해 확인.
주2: 홈페이지 주소는 별도로 확인해서 추가.
출처: 『2004년 기준 행정통계자료집』(강원도, 2005), p.369에서 발췌하여 재구성.

략 산업이나 강점을 지방자치단체의 홈페이지뿐만 아니라 지역 언론을 매개로 도 내외에 제대로 알리지 못한다면 국내외의 다른 지역이나 사람들과의 활발한 교류를 통한 장기적인 지역 발전을 기대하기 어렵다. 따라서 강원 북부권의 지방자치단체들이 언론과의 연계 강화를 통해 지역 정보의 확산과 지역 홍보 및 발전을 도모하는 전략을 분명히게 정립할 필요가 있는 것이다.

정부의 분권 · 분산 개혁으로 '자립적 지방화'가 강조되고 있는 시대적 흐름을 감안할 때, 지역사회의 현실과 미래의 비전에 대한 심도 있는 취재와 보도는 지역 언론의 생존과 발전을 위해서도 절실한 과제이다. 이런 맥락에서 강원 북부권의 지방자치단체들이 지상파 방송과 주요 일간지를 통해 지역의 각종 정보를 도 내외에 전달하고 외지인들의 관심을 유도하는 것은 지역과 언론의 상생적 발전을 모색하는 길이기도 하다. 요컨대, 지역 발전 전략의 모색 차원에서 정보 네트워크를 구축하기 위한 방법의 하나로 강원 북부권의 지방자치단체들은 지역 언론과 공조체제를 구축해야 한다는 것이다.

2. 강원 남부권

강원 남부권은 원주시를 중심으로 한 강원 내륙지역으로 지역 인프라 및 인력구조가 우수하여 의료기기 산업 및 동계스포츠 산업에서 경쟁우위를 점하고 있다.

(1) 지역적 특성

강원 남부권은 원주시를 거점으로 횡성군, 평창군, 정선군, 영월군, 태백시를 포함한다. 강원도 남단에 위치하여 지역적으로 경상도, 충청도, 경기도와 인접한 시 · 군으로 타 도와의 접근성이 용이하며 자연환경이 뛰어나 관광지로서 전국적으로 각광을 받고 있는 지역이다. 특히 평창군은 2014동계올림픽 유치를 위한 동계스포츠의 국내 최적지로서 범군민적으로 유치를 위한 활동이 진행되고 있다. 다음은 각 시 · 군의 특색을 정리해 본 것이다. 강원 남부권의 인구 현황 및 지역내 총생산은 다음 표와 같다.

강원남부권의 인구는 2005년 기준 총 51만 7,810명으로 강원도 인구의 약 34%를 차지하며 65세 이상 고령자는 5만 9,780명으로 나타났다. 인구밀도의 경우 시와 군의 차이가 현격히 드러났으며 이는 취업시장 및 생활 편의성 등에서 시지역이 우수하기 때문에 나타나는 현상으로 보인다.

〈표 28〉 강원 남부권 지역별 인구 현황

(단위: 세대, 명)

시군별	세대수	인구(Population)			인구밀도	세대당 인구	65세 이상 고령자
		합계	한국인	외국인			
원주시	100,691	286,136	284,628	1,508	329.9	2.8	26,408
태백시	20,141	53,384	53,264	120	175.9	2.7	5,345
횡성군	16,386	44,557	44,297	260	44.6	2.7	7,741
영월군	16,733	42,618	42,406	212	37.8	2.5	7,270
평창군	17,707	45,482	45,311	171	31.1	2.6	6,829
정선군	18,314	45,633	45,419	214	37.4	2.5	6,187
합계	189,972	517,810	515,325	2,485	657	16	59,780

출처: 2005년 강원통계연보 (http://210.179.205.131:8010/stat/board/year2005.htm) 발췌하여 재구성.

〈표 29〉 강원 남부권 산업별 현황

시군별	합계		1차산업				2차산업				3차산업			
	사업체	종사자	사업체	비율(%)	종사자	비율(%)	사업체	비율(%)	종사자	비율(%)	사업체	비율(%)	종사자	비율(%)
원주시	21,735	87,553	20	0.09	239	0.27	1,998	9.19	19,867	22.69	19,717	90.72	67,447	77.04
태백시	4,093	16,232	16	0.39	1,924	11.85	362	8.84	2,449	15.09	3,715	90.76	11,859	73.06
횡성군	3,076	11,856	9	0.29	144	1.21	394	12.81	3,811	32.14	2,673	86.90	7,901	66.64
영월군	3,202	11,773	25	0.78	557	4.73	319	9.96	2,454	20.84	2,858	89.26	8,762	74.42
평창군	3,791	13,010	20	0.53	243	1.87	310	8.18	1,731	13.31	3,461	91.30	11,036	84.83
정선군	3,343	14,621	16	0.48	265	1.81	328	9.81	2,015	13.78	2,999	89.71	12,341	84.41
합계	39,240	155,045	106	0.27	3,372	2.17	3,711	9.46	32,327	20.85	35,423	90.27	119,346	76.98

출처: 2005년 강원통계연보 (http://210.179.205.131:8010/stat/board/year2005.htm) 발췌하여 재구성.

강원남부권의 산업별 현황을 보면 1차산업 종사자 비율의 경우 태백시가 11.85%로 나타났다. 이는 아직까지 광업을 통해 생계를 유지하는 인구가 많음을 나타내고 있다. 2차산업의 경우 횡성군에서의 종사자가 약 32%로 가장 높게 나타났으며 대부분의 시군은 70%의 종사자가 3차 산업에 치중하는 것으로 나타났다.

〈표 30〉 강원 남부권 지역내총생산(당해년가격)

(단위: 10억 원)

시군별	1997	1998	1999	2000	2001	2002	2003
원주시	2,914	2,883	2,692	2,945	2,992	3,271	3,682
태백시	428	346	416	493	485	529	557
횡성군	644	678	668	674	594	670	746
영월군	608	560	577	684	654	746	826
평창군	542	532	595	594	585	640	694
정선군	450	382	404	549	794	851	968
강원도	15,051	14,453	15,386	16,462	17,113	18,609	20,637

출처: 2005년 강원통계연보 (http://210.179.205.131:8010/stat/board/year2005.htm) 발췌하여 재구성.

〈표 31〉 강원남부권 지역내총생산 증가율

(단위: %)

시군별	1997	1998	1999	2000	2001	2002	2003
원주시	1.6	-1.1	-6.6	9.4	1.6	9.3	12.6
태백시	4.8	-19.1	20.2	18.5	-1.7	9.3	5.2
횡성군	15.8	5.2	-1.4	0.8	-11.8	12.8	11.3
영월군	24.5	-7.8	2.9	18.6	-4.5	14.2	10.6
평창군	5.0	-1.9	11.8	-0.2	-1.5	9.4	8.4
정선군	2.5	-15.0	5.8	35.9	44.6	7.2	13.7
강원도	7.8	-4.0	6.5	7.0	4.0	8.7	10.9

출처: 2005년 강원통계연보 (http://210.179.205.131:8010/stat/board/year2005.htm) 발췌하여 재구성.

강원도 지역내총생산액 구성비를 보면 원주시의 경우 17.8%를 차지하여 강원도 거점도시인 춘천과 강릉보다 큰 비중을 차지하며 기타 지역의 경우 7% 미만의 비중을 차지하고 있다. 지역내총생산 증가율의 경우 원주시가 2003년 12.6%, 정선군이 13.7%의 증가세를 보이고 있다. 이는 원주시와 정선군의 발전 여건 및 잠재력이 서서히 드러나고 있음을 말한다.

〈표 32〉 강원도 지역내총생산 구성비

(단위: %)

시군별	1997	1998	1999	2000	2001	2002	2003
춘천시	13.9	13.6	13.2	13.1	13.7	13.4	14.0
원주시	19.4	19.9	17.5	17.9	17.5	17.6	17.8
강릉시	11.8	11.9	12.3	11.7	12.8	12.9	13.1
동해시	6.5	7.1	7.1	6.8	6.3	6.7	6.6
태백시	2.8	2.4	2.7	3.0	2.8	2.8	2.7
속초시	4.5	4.3	4.5	4.4	3.9	4.1	3.9
삼척시	5.8	5.2	5.5	5.9	6.0	5.8	5.4
홍천군	5.3	6.1	7.1	6.0	6.5	5.5	5.2
횡성군	4.3	4.7	4.3	4.1	3.5	3.6	3.6
영월군	4.0	3.9	3.7	4.2	3.8	4.0	4.0
평창군	3.6	3.7	3.9	3.6	3.4	3.4	3.4
정선군	3.0	2.6	2.6	3.3	4.6	4.6	4.7
철원군	3.7	3.5	3.6	3.6	3.5	3.5	3.3
화천군	1.9	2.0	2.1	2.1	2.1	2.1	2.3
양구군	1.7	1.6	1.7	1.7	1.7	1.8	1.8
인제군	2.9	2.9	3.0	3.1	3.1	3.2	3.1
고성군	2.7	2.5	2.6	2.6	2.4	2.5	2.6
양양군	2.2	2.2	2.5	2.9	2.3	2.3	2.6
강원도	100.0	100.0	100.0	100.0	100.0	100.0	100.0

출처: 2005년 강원통계연보 (http://210.179.205.131:8010/stat/board/year2005.htm) 발췌하여 재구성.

1) 원주시

원주시는 21세기의 국토 중심부에 위치한 수도권 산업 · 교통의 중심 도시이며 의료기기, 정보통신, 교육 등 첨단의료건강산업의 도시이다. 또한 사통팔달 교통의 요지로 영동고속도로, 중앙고속도로 및 항공노선이 발달되어 있다. 따라서 도내 시 · 군과의 연계성 확보에 우위를 정하고 있다. 연세대원주기독병원, 상지대한방병원 등 다수의 병원과 경쟁력 있는 대학을 보유한 지식산업의 근거지로 역할을 수행할 수 있다. 최근 의료기기산업특구로 시범지정됨으로써 기업도시의 면모를 갖추고 있는 등 많은 인적 · 물적 자원을 흡수하는 강원도의 거점도시가 되어가고 있다.

2) 횡성군

횡성군은 홍천과 원주의 사이에 위치해 있으며 다음과 같은 장점을 가지고 있다.

첫째, 과밀억제권역과 성장억제권역으로 규제받고 있는 수도권과 근접하고 규제가 적어 기업들이 이전하기에 유리한 지역이다. 둘째, 공항 및 영동 · 중앙고속도로 등 사통팔달로 연결된 도로교통망이 발달한 곳으로 전국으로 뻗어 나갈 수 있는 교통의 요충지이다. 셋째, 횡성을 대표하는 지역특산품인 횡성한우와 횡성더덕, 안흥찐빵 등이 있으며 이들은 전국적인 인지도를 가지고 있다. 넷째, 청정자연환경 지역으로 읍면별 고유의 문화관광자원을 보유하고 있다.

반면 1970년 이후 30년 이상 계속된 인구감소가 농촌 지역을 공동화시키고 이에 따른 사회문제가 발생하는 지역이다. 또한 65세 이상 고령인구의 비중이 지속적으로 상승하고 반면에 청장년층의 젊은 노동력은 지속적으로 강조하고 있다. 그럼에도 불구하고 다음과 같은 기회가 있다.

첫째, 주 5일 근무제 도입 등과 같은 사회적 변화에 따라 횡성군을 찾는 관광객이 증가하고 있다. 둘째, 참여정부가 국가균형발전특별법에 의한 지역간 균형발전을 강력히 추진하고 있어 그동안 국가의 지원이 적었던 횡성군에 좋은 기회가 온 것이다. 셋째, 지방분권특별법에 의한 지방분권화와 수도권 기능 분산에 따른 지역 내 공공기관 지방이전 유치에 유리하다.

3) 태백시

과거의 석탄산업합리화 정책으로 많은 인구가 이주하여 매우 낙후된 모습을 보이고 있지만 다음과 같은 장점이 있다. 첫째, 중앙정부의 재정지원이 확보되고 지역 개발에 대한 시정의지가 확고하다. 둘째, 지역 개발에 대한 주민 공감대가 형성되어 있다. 셋째, 천혜의 고지대 자연 · 문화 · 환경을 보유하고 있으며 대규모 레저스포츠단지가 조성되어 있다. 반면에, 수도권 등과 연결 광역접근망이 확충되지 않고 기반시설 및 수용시설이 부족하고 지역 이미지, 도시 정체성이 결여되어 있으며 인구 감소 및 정주 환경이 열악한 상태이다. 이러한 상황에서도 레저스포츠산업 등 지식 기반산업을 지역 전략산업으로 채택하고 카지노, 위락산업으로 산업의 집중화, 클러스터화로 상승 효과가 기대되고 있다. 물론 부정적인 도시 이미지와 낙후한 도로시설, 인근도시와의 지역 개발방식이 유사한 점 등 경쟁력이 약한 면이 있다.

4) 평창군

고원청정 지역으로 도시민의 휴식공간으로 각광받고 있으며 농박, 펜션이 전국적으로 가장 많이 분포되어 농촌관광 활성화를 위한 성장 잠재력이 높다. 또한 Happy 700 브랜드와 연계한 청정 농산물생산의 비교우위를 갖고 있으며 대규모 레저, 관광, 동계스포츠의 기반시설이 발달되어 있다. 반면, 여타 강원도의 다른 시 · 군과 같이 정주인구의 지속적인 감소와 농업 종사자의 고령화에 따른 지역혁신 주체가 부족하며 이에 따른 농업의 경제 기반 또한 미약(농가 58%인 반면 GRDP는 23% 수준)하다. 더욱이 고랭지 농업의 경쟁력이 약화되고 Happy 700 브랜드와 연계한 명품, 명소 개발이 미흡하다. 하지만 2014동계올림픽 국내 후보지 선정에 따른

Happy 700 브랜드 인지도가 상승하고 청정하고 안전한 농산물에 대한 소비자 관심이 증대되고 있다는 점이 평창군에 큰 기회가 될 수 있다.

5) 정선군

천혜의 자연자원인 동강을 보유하고 있으며 생약초 특화 기반의 형성 및 일교차, 고도차, 다양한 지질 등 천혜의 자연요소를 갖춘 생약초 최적 생산지이다. 또한 생약초를 활용한 고부가가치 가공산업을 육성하며 인접 시 · 군과 연계 발전이 가능하다. 반면에, 생약초 브랜드 마케팅이 부재하고 생약초의 유통 및 관리가 복잡하며 생약초에 대한 과학적 접근 및 효력 검증이 미흡하다. 하지만 생약(한방)시장의 발전 가능성이 잠재되어 있고 국가의 한방 지원 정책이 강화되고 있어 강원도 바이오 · 관광산업 육성 정책과 연계가 가능하다. 또한 다양한 지적 재산 상품화가 가능하고 관광상품 개발로 안정화된 관광 기반을 조성하고 있다.

6) 영월군

장산, 봉래산 및 고씨동굴, 연하계곡 등 청정한 자연환경을 보유하고 있고 조선 시대 단종의 유배지 등 역사문화자원이 풍부하며 동강래프팅, 마을관리휴양지가 자리잡고 있다. 반면 장기체류 및 재방문을 유도할 관광 기반시설이 미흡하고 산으로 둘러싸여 교통접근이 용이하지 않으며 현대적 감각의 소프트웨어가 부족하다. 하지만 38국도의 확 · 포장으로 접근성이 개선되고 접근성의 개선과 국내여행 수요증가로 시장여건이 호전되고 있다. 또한 천문대와 박물관으로 영월군의 이미지가 부각되고 있다.

(2) 정부 차원의 계획 검토 및 평가

참여정부의 국가균형발전 정책 중 강원 남부권과 관련이 있는 정책은 다음과 같다. 첫째는 신활력 지역 발전 촉진 정책, 둘째는 지역특화발전특구 지정 및 활성화 정책, 셋째는 지역혁신체계 구축 및 혁신 역량 강화 정책, 넷째는 지역 전략산업의 육성 정책, 마지막으로 혁신도시 건설 및 공공기관 지방이전이다.

1) 신활력 지역 발전 촉진 정책

참여정부의 국가균형발전과 지방분권의 가장 큰 축은 "지역이 살아야 나라가 산다"라는 것이다. 지역이 활기차고 지역의 생산 및 소비가 활동적일 경우 나라의 경제가 역동적으로 될 수 있다. 그런 점에서 지역이 낙후되고 지역 발전의 인프라가 부족한 지역에서 이러한 발전 촉진 정책은 환영을 받고 있다.

강원 남부권의 경우 총 6개 시군 중에 5개 시군이 신활력 사업을 추진하고 있다. 태백시는 청정고랭지채소 특화 사업, 횡성군은 횡성한우문화촌 조성 사업, 영월군은 박물관 고을 육성 사업, 평창군은 HAPPY 700 브랜드 강화 사업, 정선군은 생약초 특화지역 조성 사업을 추진하고 있다.

2) 지역특화 발전특구 지정 및 활성화 정책

지역의 혁신 역량을 강화하고 지역 발전을 추구하기 위해 필요한 것은 지역 여건에 맞고 지역주민에게 도움이 되는 발전 전략이며 이를 정부가 지원하는 것이다. 지역특화발전특구는 이러한 요구를 충족시키는 사업이다. 지역특화발전특구로 지정되면 세제, 인력수급 및 재정적 혜택을 받고,

이를 통해 지역 경제를 활성화시키고 고용 창출 및 지역 활기를 되찾게 한다. 강원 남부권의 경우 평창과 정선일대의 백두대간 생태산업특구, 원주 · 평창 · 정선 · 강릉을 연계한 동계스포츠밸리특구, 영월의 동강생태문화관광특구, 태백과 정선의 고원관광휴양특구 등을 추진하고 있다.

① 백두대간 생태산업특구

백두대간 산촌지역에 생명 · 건강산업 관련 산업체를 입주시킨다. 주요 사업내용은 자연환경과 조화된 소규모의 생태산업단지를 조성하고 '신토불이길' 네트워크 연계하여 감자바우 쉼터 역할을 할 수 있도록 조성한다. 또한 백두대간의 지연산업 창출거점으로 기능할 수 있도록 함으로써 새로운 산간문화의 창달을 도모한다.

② 5도2촌특구(유기농업특구)

일정지역 내에서 유기농업과 유기축산 등 자연순환형 유기농만이 가능한 지구를 설정하고 도농교류의 장으로 조성한다. 농가에게는 보다 집약적이고 규모 있는 영농활동을 할 수 있도록 하여 틈새시장의 확보, 고부가가치 농업이 가능하도록 하고 대도시 소비자에게는 안심하고 먹을 수 있는 최상의 먹을거리를 제공함과 동시에 특구 내에 주거시설에 주말 동안 머무르면서 유기농법을 체득하고 자신이 직접 유기농사를 지음으로써 육체적, 정신적 건강을 제공한다.

③ 동계스포츠밸리특구

영동고속도로축은 강원도의 대표적인 동계스포츠 지대이며 연간 수천만이 오가는 한반도 중앙동서국토축이다. 이 지역에 대한 친환경적 리조트 건설활동을 촉진하여 명실상부한 한반도의 동계스포츠 메카, 산악레저활동의 거점으로 조성하자는 것이다. 주요 사업내용으로는 용평리조트의 확충과 인근지역의 새로운 리조트 건설(강원도개발공사 추진)을 통하여 대관령 일대를 강원도 레포츠 및 리조트의 핵으로 육성하며 원주권 산업거점과 강릉광역권 환동해거점을 연계하는 한반도 동서국토축 기능을 강화한다. 또한 종합계획에 의거하여 무분별한 펜션개발 등을 방지하는 환경보전조치도 강구한다.

④ 동강생태문화관광특구

동강생태보전지역 및 인접 주민거주마을을 대상으로 한다. 동강은 자연하천의 아름다움을 담고 있는 대표적 강으로서 최근 주민 및 외지인의 무분별한 난개발이 우려되는 지역이다. 이에 일부 환경단체는 내쇼널트러스트 운동을 통하여 동강일대의 토지를 매입하는 활동을 하고 있다. 동강생태 문화관광특구는 동강을 주민의 강으로 돌려주기 위한 시도로서 동강의 생활문화를 체험하고 환경보전 효과를 도모하는 그린투어리즘 특구로의 성격을 가지고 있다. 주 사업내용으로 신토불이길 네트워크와 연계하여 동강생태탐방로를 조성한다.

⑤ 고원관광휴양특구

강원랜드카지노는 전국 유일의 내국인 출입카지노로서 연간 많은 수익을 올리고 있지만 지역에 대한 기여도는 상대적으로 낮고 '카지노폐인'의 등장 등 부정적 비판의 목소리도 높은 편이다.

현재 카지노가 위치한 정선 · 태백 · 영월 · 삼척 등 예전 탄광지역 일대는 기후나 경관 등 휴양거점지대로서의 좋은 조건을 갖추고 있음에도 예전에는 탄광으로, 지금은 카지노에 가려서 제 역량을 발휘하지 못하고 있는 실정이다. 이 특구의 설정은 이 지역의 관광, 휴양 및 스포츠 훈련지로서의 잠재역량을 발현시킴으로서 카지노와 상호보완적인 지역발전효과를 극대화하고자 함에 목적이 있다.

3) 지역혁신체계 구축 및 혁신 역량 강화 정책

지역 발전 및 지역혁신의 주체를 설정하고 이를 통해 지역 자체적으로 발전 계획 및 활성화 정책을 수립 · 집행하도록 하는 장치가 필요하다. 또한 이들의 혁신의지 및 역량을 강화시키기 위한 교육 및 네트워크가 필요하다.

이를 위해 지역혁신체계를 구축하고 혁신 역량 강화 정책이 필요한 것이다. 이에 강원 남부권의 각 시군은 지역혁신발전 계획서를 통해 지역혁신체계 구축 및 혁신역량 강화 정책을 추진하고 있다.

① 지역혁신체계 구축

• 원주시의 지역혁신체계 구축

원주시의 지역혁신체계 구축은 의료기기산업 및 건강산업을 주축으로 이루어진다. 특히 산 · 학 · 연의 네트워크를 촉진하고 기술혁신체계를 구축하는 「원주 의료기기산업단지」 혁신 클러스터는 2005년부터 5년간 추진되며 700억 원 정도의 사업비가 소요된다.

건강산업에 있어서는 「WHO건강도시 원주」를 구축하기 위해 건강도시 추진 전담기구를 신설하고 국내 · 외 건강도시시책 교류를 확대하여 건강도시 심포지엄, 건강도시 포럼을 운영하고 건강증진 프로그램을 상호 교환하며 건강도시 정책 및 정보 교류를 추진한다.

• 횡성군의 지역혁신체계 구축 및 지역혁신역량 강화 사업

횡성군의 특화자원이며 전국적 인지도를 갖는 횡성 한우를 대상으로 생산, 판매, 홍보, 축제 등의 사업을 집적시킬 수 있는 횡성한우 문화촌을 조성하여 관광자원화 및 고소득 창출을 도모한다.

횡성한우 문화촌에는 이벤트행사장, 제2한우프라자, 전통가옥, 전통음식점을 조성하며 한우의 생산, 판매, 홍보, 축제 등을 위한 사업주체들을 다음 그림과 같이 구성한다.

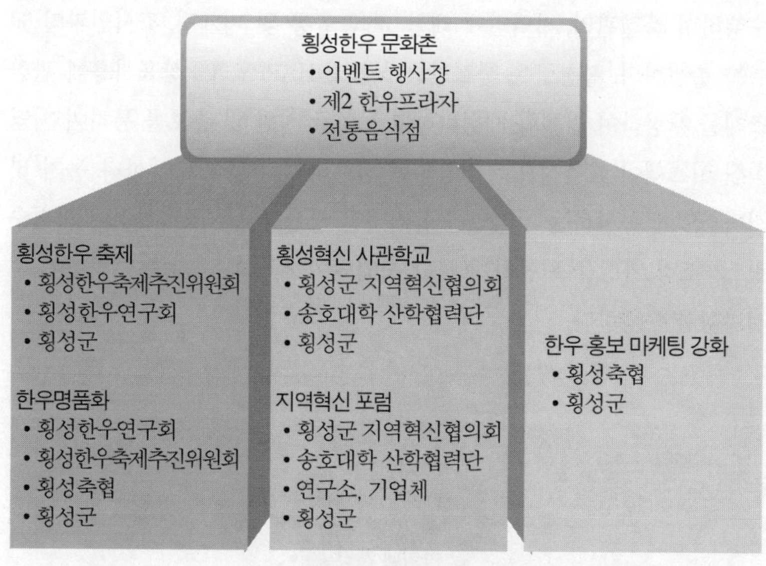

[그림 13] 횡성한우 문화촌 사업주체

출처: 횡성군 신활력 사업계획서.

횡성혁신사관학교는 횡성군민의 혁신역량을 강화하기 위한 사업으로 횡성군 발전방안, 국내외 혁신사례, 국가정책방향 및 지역단체간 혁신아이디어 창출과 교류를 교육내용으로 하고 군의 축산업 종사자 및 농촌마을 주민을 대상으로 교육시킨다. 또한 지역혁신포럼은 횡성군 지역혁신협의회 주체로 분기 1회 또는 필요시에 개최되며 지역현안과 지역발전방향에 대하여 지역주민이 인지하고 스스로 해결할 수 있는 방안 모색의 기회를 제공한다.

• 평창군의 지역혁신체계 구축

지역혁신체계의 혁신 주체라 할 수 있는 농가 및 생산조직, 평창군, 사업주체가 상시협력체제를 구축하여 역할을 분담하고 공동기획 및 공동판매를 통하여 효율을 극대화시킨다. 신활력사업단은 중추적인 역할을 수행하며 품질관리, 지역민에 대한 교육, 유통 및 마케팅, 도시민과의 교류를 총괄한다. 평창군은 품질인증기준 및 HAPPY 700 상표사용에 관한 조례를 개정하여 법제화 재정비하고 보조금 지원 및 홍보를 통하여 지역혁신 시스템이 효율적으로 작동하는 인프라의 역할을 수행한다. 농가 및 서비스업에 종사하는 지역민은 유기적인 생산단위를 조직화하여 의견수렴 및 조정 과정을 원활하게 하고 사업단이 제시하는 기준에 맞추어 품질향상을 수행한다.

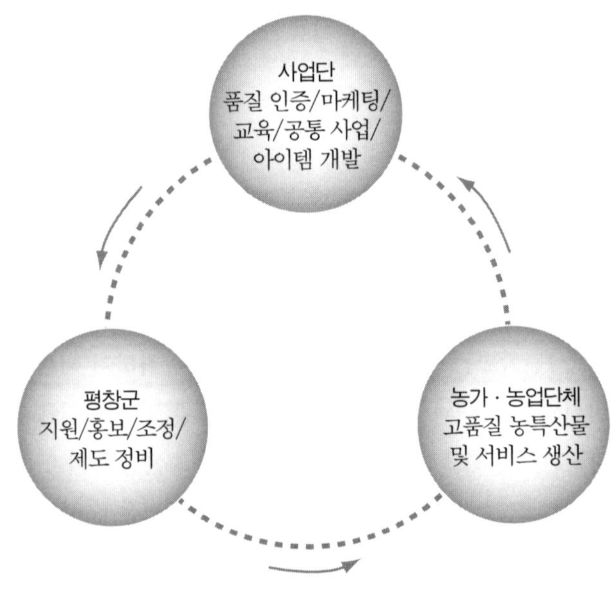

[그림 14] 평창군 지역혁신 체계(RIS)

출처: 평창군 신활력계획서.

신활력사업단은 지역민들의 혁신의식과 생산기술능력 및 삶의 질 향상에 관한 교육을 전담하는 아카데미 사업을 한다. 아카데미 사업은 전담직원을 중심으로 지역 대학과 연구소, 군내 공무원, 선진사례지역의 이장, 출향인사 등의 관계자를 네트워크하여 지역주민의 혁신역량강화와 생산기술 향상, 평생교육에 관한 교육서비스를 개발 및 제공한다. 사업주체는 가급적 지역주민을 포함하여, 현장 요구를 반영함을 원칙으로 하며, 교육대상과 내용, 방법 등에 대하여 결정한다. 또한 지역주민의 수요에 따른 맞춤 교육, 찾아가는 교육을 추진한다.

• 영월군의 주체역량강화사업

현재 타 지역에서 모범적으로 운영되고 있는 교육프로그램을 벤치마킹하여 영월군에서 시행하거나 기존의 프로그램에 영월군 주민 및 사업가를 참가하도록 지원하는 교육지원사업과 박물관 관련 교육기관과 연계하고, 기존의 영월군 장학사업 중에서 박물관 관련 인재 육성 부분을 추가로 삽입하는 인재육성사업이 있다.

교육지원 사업은 영월아카데미, 영월 벤처농업대학, 관광대학을 운영하여 다양한 교육기회를 제공하고 교육을 통해 공무원과 주민들의 의식수준 향상과 함께 개인의 능력을 개발하고, 체계적인 학습과 토론을 통해 혁신의 필요성 및 공감대를 형성하고, 이를 기반으로 지역혁신을 달성한다. 인재육성 사업은 학예사지원사업과 인턴제도운영지원사업을 수행하여 박물관 관련 교육기관과의 유기적인 연계를 통해 교육의 효율성을 향상시키고, 교육 인프라 구축을 가능하게 한다.

• 정선군의 지역혁신체계 구축과 주체역량강화 사업

정선군의 생약초 특화지역 조성 계획을 위해 한방관련 대학과 업무포괄 협약을 체결하며 기능성식품개발 및 판매전략을 구축하고 지역발전

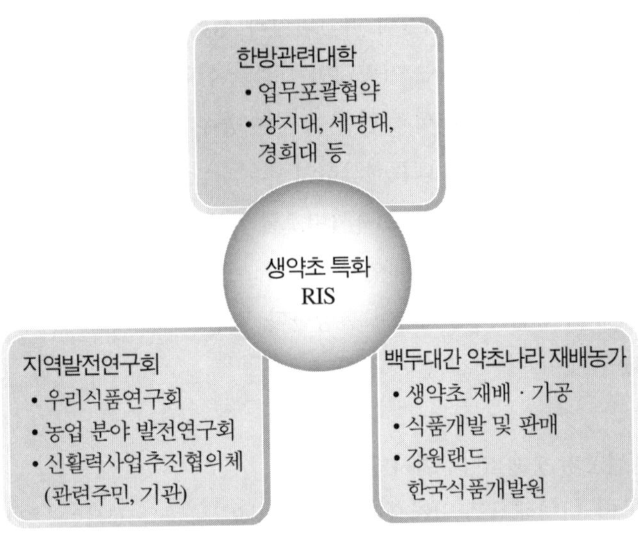

[그림 15] 생약초 특화 지역혁신 체계(RIS)
출처: 정선군 신활력 사업 계획서.

연구회를 육성한다.

• 태백시의 지역혁신체계 구축 및 혁신역량 강화 사업

태백시의 고랭지 채소 관련 지역혁신체계 구축은 먼저 고랭지 채소 선도 산업클러스터를 구축한다. 고랭지 채소 관련 산업 중에서 타 지역과의 경쟁력, 판매시장 확보 가능성, 경제성, 지역 경제의 파급성, 소비자의 선호도가 높은 경작 재배농민 연합과 선도 산업을 부분별로 선정하여 집중적으로 육성토록 한다. 각 사업을 함에 있어 사업별 역할 분담 및 주체운영으로 추진 사업 효과를 극대화시키는 한편, 합리적이고 실행가능 사업의 운영을 위해 관 · 산 · 학 · 연 · 민 등으로 지역혁신체계를 구축하여 운영한다. 둘째, 고랭지 채소 신활력사업지원단을 구성 및 운영한다. 신활력사업지원단은 고랭지 채소 관련업계와 태백시, 대학 연구기관, 관련조직이 협력적으로 추진해야 하는바, 단계적 추진 전략에 의해 신활력사업 지원단을 설립, 운영한다. 셋째, 고랭지 채소 산업화 혁신역량을 강화한다. 고랭지 채소 관련 산업의 혁신역량을 제고할 수 있도록 연구개발, 인력 양성, 관련 산업교류 및 협력 등을 통한 고랭지 채소 혁신역량을 강화한다. 고랭지 채소 관련업계의 수요 충족을 위한 혁신역량강화 프로그램의 개발과 지역의 다양한 혁신 주체들과 네트워크 한다.

② 지역혁신협의회

지역혁신 의식을 고취시키기 위해 지역산업 및 문화관광자원 견학 등을 통한 지역 바로알기와 더불어 애향심 고취로 지역혁신에 의한 지역경제 활성화 방안 발굴, 혁신협의회의 위원들에 대한 교육 및 워크숍을 통하여 혁신의 당위성과 지역혁신의 필요성을 인식할 수 있는 분위기를 조성한다. 개인 이메일을 이용하여 행정혁신 및 분권 현황과 타 지역 지역혁신 소식 및 우수사례 정보 공유로 혁신의식을 고취시킨다. 지역혁신협의회가 신활력 사업 추진 지침에 따라 구성되어 운영기간이 짧아 활성화되어 있지 못하므로 당분간 분기별 개최 등으로 정례화하여 협의회를 활성화시켜야 한다. 지역혁신협의회의 독립적 운영을 확보하기 위해 현재의 제도에 의해 구성된 시 · 군 · 구 지역혁신협의회로는 기존의 협의회 및 위원회들과 마찬가지로 형식적인 협의회로 존재할 수밖에 없다. 따라서 협의회 운영을 위한 독립적 활동이 가능한 단체로서의 인력과 예산의 지원으로 지역혁신 활동에 자긍심을 갖고 전념할 수 있도록 제도적인 뒷받침이 이루어져야 한다. 지역혁신협의회 활동이 활발한 우수 협의회의 활동내용 및 해당 지역혁신사례를 견학하여 밴치마킹하는 등 우수사례를 확산시킨다. 동일 생활경제권인 인접 시 · 군 · 구간 의장단 회의의 정례화로 정보교류 및 상호 학습을 추진하여 지역혁신을 활성화시키고 시 · 군 · 구 의장단과 시 · 군 · 구 단체장과의 간담회 개최로 혁신의지와 추진 주체와의 연계로 혁신의 성과를 도출한다.

• 원주시 지역혁신협의회

지역혁신협의회는 국가균형발전특별법 제29조 및 동법시행령 제33조에 의거하여 지방정부, 대학, 기업, NGO, 언론 등 지역 내 혁신주체가 연구개발, 기술혁신, 창업, 행정제도개혁 등 각 분야에서 상호 작용하고 협력하여 자립형지방화로 가기 위한 새로운 성장 동력을 창출해 지역발전을 도모하기 위한 법적 협의체를 말한다. 원주시의 지역혁신협의회는 행정 6명, 의회 6명, 학계 7명, 연구소 3명, 산업계 3명 및 사회단체 4명으로 총 29명이 구성되어 있다. 또한 협의회 내에는 기업 · 혁신도시건설지원분과위원회, 전략산업육성분과위원회, 지역산업진흥분과위원회로 총 3개의 위원회가 존재한다.

• 평창군 지역혁신협의회

평창군 지역혁신협의회는 2004년 11월에 각계각층의 전문가를 위원으로 위촉하여 총 15명으로 구성되었다. 2005년도는 신활력사업 T/F팀을 구성하여 워크숍 참여 및 의견 개진을 하였고 지역혁신 과제 발굴 및 신활력사업 심의 등의 정기회의를 개최하였다.

2006년도는 지역혁신발전 과제 발굴 및 신활력사업 심의 · 평가를 위한 지역혁신협의회 총회를 개최하며 분과위원회 운영을 활성화한다. 또한 HAPPY 700 평창포럼을 운영하여 지역혁신 역량강화를 위한 주민학습 및 토론의 장을 마련하고 신활력사업 수행을 위한 자체 연구교육을 추진하며 HAPPY 700 글로벌화를 추진한다.

신활력사업 심의 · 평가를 위한 지표조사 및 평가기준을 마련한다. 브랜드 명품화사업, 브랜드 체험관광사업, RIS활동에 대한 정량적 · 정성적 성과지표를 마련하며 매년 사업추진 실적평가를 위한 기준을 마련한다.

• 정선군 지역혁신협의회

지역혁신협의회 중심 거버넌스 체계를 구축하고 지역에서의 혁신자, 조정자, 촉진자, 가교자의 역할을 수행하며 상호간 학습을 통한 지역혁신 마인드를 제고시킨다. 이를 위해 지역혁신 체계 구축을 위한 상호 학습기회 및 토론의 기회를 제공하며 분과별 특성화된 과제 연구를 도출한다.

정기회의를 통해 지역혁신협의회 운영 및 신활력사업의 계획 및 보고회를 운영하며 분과 구성 및 위원장을 선출한다. 각 분과는 문화관광분과, 교육사회혁신분과, 환경농림분과, 지역전략산업분과 구성도며 각 분과별 과제 도출 및 운영방안을 마련한다. 또한 신활력사업의 우수사례지역 견학 및 교육을 통해 협의회 구성원의 역량을 강화한다.

초기 협의회 운영상에서 추진과정이 원활치 못하고 홈페이지 구축 등의 작업이 미흡하지만 협의회 위원들의 적극적인 협조로 지역혁신체계가 조기 구축되고 신활력사업의 적극 지원으로 중앙정부의 각종 평가에서 우수한 사업으로 평가받았다. 이에 신활력사업 계획 우수시 · 군 선정 5억 인센티브, 신활력사업 추진실적평가 우수시 · 군 선정 2억 인센티브, 지역발전우수사례로 선정되어 국무총리상을 수상하였다.

각 분과의 경우 교육사회혁신분과는 학교통폐합 방안과제 연구, 문화관광분과는 산상문화축제 개최방안 및 경관개선사업 마스터플랜 확립 방안, 환경농림분과는 생약초 재배지 확충에 따른 특화작목 연구, 지역전략산업분과는 지역농특산물 발굴 및 유통마케팅시스템 구축 방안을 중점 연구과제로 선정하였다.

4) 신산학협력의 활성화

IMF위기를 겪으면서 소모적인 요소투입형 경제 발전 모델의 한계를 느끼고 혁신주도형 경제 발전 모델의 필요성이 제시되었고 구인 속의 취업난이라는 역설적 상황이 발생함으로써 기존의 정책과 차별화된 새로운 산학협력체계 구축의 필요성을 인식한다.

〈표 33〉 기존 산학과 신산학협력의 차이점 비교

	기존 산학협력	신산학협력
기본개념	공급자 중심	수요자 중심
지원범위	프로젝트/학부/전공별 부분적 지원	대학 단위의 종합적 지원
참여범위	지엽적(교수별/과제별)	총괄적(학생/교수/산업체 인력)
산학협력목적	R&D 중심	실용화/상품 중심
교육	이론/연구 중심	현장 실무/실습 중심

출처: 혁신주도형 경제도약을 위한 신산학협력 국가균형발전위원회.

수요자 중심의 신산학협력 정책은 개방성, 통합성, 혁신성을 지향해야 한다. 먼저, 신산학협력 정책은 무엇보다 개방성을 지향해 나가야 한다. 미국의 실리콘밸리를 포함한 선진국들의 산학협력 경험이 보여 주는 가장 중요한 교훈은 산학협력의 주요 이해관계자들 사이의 보다 개방적이고 협력적인 네트워크의 구축이 혁신을 성공에 이르게 하는 지름길이라는 사실이다(Fornahl and Brenner, 2003).

두 번째로 참여정부의 신산학협력 정책은 통합성을 추구해 나가야 한다. 지금까지의 기업과 대학은 서로 긴밀히 협조하지 못하고 분리되어 운영되었다. 대학 내에서조차 협력 및 상호 연계가 되지 않을 정도였다. 산학협력이 말 그대로 협력을 통해 새로운 결과물을 산출하기 위해서는 서로 긴밀하게 연계되어 운영되어야 한다.

세 번째로 신산학협력 정책이 성공하려면 끊임없이 혁신을 지향해 나가야 한다. 특히 효과적인 창업 위주의 기술혁신 정책 추진으로 새로운 혁신기업의 창업 붐을 조성할 필요가 있다. 아울러 지속적 기술혁신을 통해 현재 10만 개의 중소기업 중 약 절반의 중소기업을 자체의 기술력을 갖춘 중소기업으로 육성해 나간다는 목표 하에 산학협력을 적극 추진해 나가야 할 것이다.

• 원주 의료기기 클러스터

1996년도 통계에 따르면, 강원도 원주시의 산업구조 현황은 전체 산업의 90%가 3차 산업에 해당하며, 2차 산업은 단지 10%에 불과하였다. 또한 2차 산업의 경우에도 첨단 고부가치 산업은 전체 제조업체 960개 중에서 4개 업체에 불과할 정도로 열악하였다. 이러한 원주시에는 3개의 대학, 2개의 전문대학이 있어, 최근에 약 600명의 교수가 2만 5천 명의 대학생을 교육시키고 있는 등 지역혁신의 인재양성 기반조건을 충족하고 있었으며, 특히 연세대학교의 의용전자공학 분야는 국내에서 최고 수준의 권위를 인정받고 있다. 이러한 배경은 의료기기가 지역산업으로 발전할 수 있게 된 동기가 되었다.

의료기기 클러스터를 처음 제안한 연세대학교의 의공학과는 1979년 아시아에서 최초로 동 분야 연구를 시작한 이후 420명의 연구인력을 배출하였고 1995년에는 의공학연구소가 개소되어 의료기기 산업의 연구개발과 기술혁신을 전적으로 담당하고 있다. 상임연구원 45명, 보조연구원 30명 국내외 자문위원 10명으로 구성된 동 연구소는 국내 최고의 연구개발 수준을 인정받고 있으며 지속적인 연구실적을 통하여 지역혁신의 씨앗이 되었다.

이후, 원주에서는 1996년도에 열악한 산업 구조를 개선하기 위해서 차별화된 의공학 분야를 기반으로 한 의료전자기기 산업을 지역특화산업으로 육성하고자 하는 의지로 원주시 흥업면에 원주 테크노 창업보육센터와 태장동 농공단지에 3,150여 평의 의료전자기기 집단화 생산단지를 확보하여 의료전자기기 산업을 집중 육성하기 시작하였다.

이를 주도한 의용계측 및 재활공학연구센터는 연세대학교, 원주시 및 강원도가 보유하고 있는 의료 전자기기 관련 시설(연세대학교 의공학연구소, 원주 테크노 파크 창업보육센터, 의료기기 집단화 생산단지)과 첨단 기자재를 이용하여 산 · 학 · 연 · 관 간의 유기적인 협력을 창출하고, 대학이 보유하고 있는 기초 및 응용기술을 지역 산업계에 이전 · 보급함으로써 지역의 경쟁력 있는 첨단산업 발전과 국가경쟁력 강화를 도모하여 왔다.

이 같은 목적을 수행하기 위하여 의료전자기기 산업의 공통 기반기술과 관련 상품화 연구 결과를 산업계에 이전, 보급하고 고급 연구인력의 지속적인 양성과 공급을 통해 의료전자기기 산업의 기술수준을 제고하였다. 그리고 초고속 정보통신망을 통한 국내 · 외 의료기기 산업에 대한 정보를 신속히 제공하고 개발된 의료전자기기 제품의 국제인증 획득을 위한 기술 및 정보를 제공하고 있다. 또한 산학협력을 위한 기술개발 기반을 구축하고 지역 의료전자기기 산업체가 선진국 수준의 상품화 기술을 확보하도록 육성함으로써 지역경제 발전과 국가 의료기기 산업의 국제 경쟁력 강화를 추진하여 왔다. 원주와 접한 인근 홍천 지역의 (주)메디슨을 중심으로 한 전자의료기기 생산업체들도 상호 협력하여 관련 의료기기 개발에 노력하고 있으며 원주 지역의 기반기술과 연계하여, 유기적인 협력관계를 구축함으로써 의료기기산업을 강원도의 특화산업으로 육성하고 있다.

원주는 연세대학교 원주캠퍼스 내 관련 연구센터, 테크노창업보육센터와 원주시 태장공단에 조성 중인 전용공단을 첨단 의료기기 분야를 중심으로 한 첨단의료기기 기술연구 집단화 단지로 육성 · 발전시켜 지역 산업기술의 고도화, 첨단산업의 발전을 통한 지역경제 활성화와 국제 경쟁력 향상을 도모하고 있다.

원주 의료기기 클러스터의 주요 구성 주체는 원주 의료기기 테크노파크, 원주 테크노 파크 연구센터, 시범창업보육센터 및 집단화 생산단지이다.

이 원주 의료기기 클러스터의 추진성과를 살펴보면 다음과 같다. 첫째, 의료기기 창업보육센터와 원주 의료기기 집단화 생산단지를 연계하여 산 · 학 · 관 · 연 협력체계의 새로운 모델을 정립하였으며 지역 경제의 뿌리역할을 담당하는 중소기업의 경영여건 개선과 기술혁신을 지원하여 지역경제 활성화를 도모하였다. 또한 지역산업 특성화를 위해서 대학과 지자체 간 역할분담을 효과적으로 하여 인력양성과 연구지원, 첨단기자재 구축, 창업보육, 정보지원, 생산시설 등을 기업의 수요와 입장에 따라 구축하였다. 이를 통하여 원주시는 군사도시의 이미지를 탈피하고 지역특화산업의 발전을 유도할 수 있었다.

특히, 지역의 중심대학인 연세대학교는 의료공학 분야에서 세계적인 대학으로 발돋움하기 위한 기반을 마련하게 되었으며, 일본 고리야마현 등 외국에서도 원주시와 연세대학교를 지역대학과 지자체 협력 발전 모델로 벤치마킹 하는 등 성공적인 모델로 평가받고 있다.

원주 의료기기 클러스터의 추진성과로 가장 중요한 것은 지난 5년간 지자체와 대학의 헌신적 봉사에 의해 강원도 수출 1위 품목이 2002년부터 시멘트에서 의료기기로 바뀌게 되었으며, 지역 의료기기업체의 기업당 연간 평균 매출액이 전국 최고가 된 것이다. 현재, 원주에서 초기 창업보육단계에서부터 시작한 입게가 5년이 지난 올해 약 2,500만 달러 이상의 수출을 예상하고 있으며 3개 업체에서는 연간 200만 달러 이상의 수출을 예상하고 있는 등 의료기기산업은 이제 지역에서 뿌리를 내려가고 있다.

5) 지역 전략산업의 육성 정책

지역 전략산업은 '국가균형발전특별법'제2조에 정의된 바와 같이 "지역 발전과 국가균형발전에 기여도가 높은 지역의 산업으로서, 전국의 시 · 도지사가 관계 중앙행정기관의 장, 관할구역의 시 · 군 · 구의 시장 · 군수 · 구청장과 협의하여 선정한 산업"을 가리킨다. 여기에는 국가의 성장잠재력과 경제 성장에 기여도가 높은 산업, 지역혁신체계의 구축 및 활성화에 중심적 역할을 하는 산업, 지역의 혁신 역량을 효율적으로 활용할 수 있는 산업 등이 포함된다.

이러한 지역 전략산업 정책에 대한 참여정부의 3대 기본원칙은 다음과 같다.

첫째, 경제적 합리성을 존중해 사업을 추진해야 한다는 것이다. 이를 위해서는 중앙부처 중심의 하향식 사업선정보다는 지역혁신협의회를 통해 상향식으로 사업타당성 검토 및 기획조정을 거치는 방안을 강구해 나가기로 한다. 둘째, 기존산업과 신산업을 조화시켜 나가야 한다는 것이다. 이를 위해 주력산업은 고부가가치화하고, 기존산업과 신산업을 융합 · 발전시켜 나가야 하며, 지역의 신성장동력을 발굴하고 육성해 나가도록 할 것이다. 셋째, 지역경제를 혁신 주도형 경제로 발전시켜 나가야 한다는 것이다. 이를 위해 지역혁신체계를 구축하고, R&D, 전문인력 등 소프트웨어 지원을 강화하여 기술혁신 및 생산성 향상을 이루어 나가야 할 것이다. 이를 위해 먼저, 기존의 사업선정체계를 개편하여 경쟁에 입각한 사업선정이 이루어지도록 해야 한다. 여기서 중앙정부는 가이드라인을 제시하는 역할을 수행하고, 지방은 지역혁신체계를 통해 스스로 사업을 기획하고 조정해 나가야 할 것이다.

다음으로, 효율적인 추진체계를 구축하는 일이 중요하다. 중앙은 컨설팅 지원을 통해 지방이 기획 능력을 기를 수 있도록 도와주고, 각 부처의 지원을 상호 연계하여 종합적 지원이 이루어지도록 해야 하며, 지방은 지역혁신을 이룰 수 있는 인력양성에 전력을 기울여야 할 것이다.

끝으로, 평가 시스템을 강화해야 한다. 평가항목을 사전에 제시하도록 의무화하여 부풀리기식 사업신청을 원천적으로 차단하고, 평가결과를 공개하여 투명하고 객관적인 평가가 이루어지도록 해야 하며, 평가에 따라 후속 사업에 대한 재정지원을 차등화해 나갈 필요가 있다. 이러한 참여정부의 지역 전략산업 육성 정책이 지향하는 바는 자립형 지방화를 확립하는 일이다.

〈표 34〉 강원 남부권의 지연산업목록

구분	농어업 기반	관광 기반	지식 및 기타 제조업 기반
원주	고구마 재배 · 가공/쌈채류 생산 단지/수출양돈 브랜드화	전통테마파크(한지, 유리공예, 전통술)	한방의료기술센터 조성
태백	한우육가동단지/고랭지 김치가공 단지	고원약초 테마파크/복합실버타운	고원지대 진초한방 의료밸리
횡성	기능성 한우 브랜드화/셀레늄 함유 고기능성 채소/한우종합연구타운	한방바이오/환경친화형 첨단건자재업	
영월	기능성 콩, 잡곡 가공 상품화/ 고추 종합처리 가공	게르마늄 온욕센터	토종약초 한방산업/임산물 숯 가공단지
평창	고랭지 신선채소 편의식품 개발/수출농업단지 조성/감자산업 육성/대관령 한우 브랜드화	메밀가공 및 문화산업	
정선	찰옥수수 명품화사업/기능성 콩, 잡곡 상품화	바이오코스메틱 산업단지/생약초 가공/한양재배단지	

출처: 강원도 지역혁신발전 5개년 계획서.

각 지자체가 선정한 지연산업 목록으로 농어업기반, 관광기반 및 지식 및 기타제조업 기반으로 분류하였다. 농어업기반에서는 대체로 시군의 지연산업이 비슷한 양상을 보인다. 이것은 각 지자체 농산물간의 차별성이 낮고 작물재배 환경이 유사한 것에서 비롯된다고 생각한다. 더욱이 차별성의 부족으로 지역 특산물로의 가치 및 브랜드화가 어려울 것이다. 따라서 각 지역의 단일 생산물을 공동 네트워크화 하고 공동브랜드를 개발하기 위해 좀더 큰 지역성을 갖고 접근하는 것이 용이할 것이다. 관광기반의 경우 각 지자체가 우수한 자연환경을 보유하고 있으며 또한 그동안의 관광정책이 잘 부합되어 관광기반의 경우 잘 갖추어져 있는 면을 보이고 있다. 지식 및 기타제조업기반의 경우 관광기반과 연계된 사업이 다수 있는 것으로 보인다.

6) 혁신도시 건설 및 공공기관 지방이전

혁신도시 건설은 수도권 소재 공공기관의 지방이전을 계기로 혁신주도형 경제의 지역거점을 형성함으로써 수도권과 지방 간의 불균형을 해소하고 지역의 특색 있는 발전을 촉진함을 목적으로 한다.

혁신도시는 지역의 혁신거점 역할을 수행한다. 공공기관을 중심으로 기업, 대학, 연구소 등이 상호 교류하는 네트워크 도시, 지식 창출과 기술혁신의 터전이 되는 지식기반 도시, 혁신 주체간 상호학습을 통하여 혁신역량이 강화되는 학습도시, 기업의 첨단산업생산기술 등에 관한 새로운 아이디어와 높은 혁신이 창출되는 첨단기업도시의 역할을 수행한다.

혁신도시는 양질의 정주환경을 갖춘 미래형 도시이다. 주거 · 교육 · 문화 · 의료 · 레저 · 체육시설 등 양질의 생활 여건이 구비되어 있고 첨단 정보통신 및 교통체계 등 디지털 기반을 갖춘 첨단기술산업이 성장할 수 있는 여건 및 녹지 · 공원 · 경관 · 생태 등 자연과 인간이 어우러지는 친환경적 도시환경이 구비되어 있다. 또한 혁신도시는 국가균형발전과 지역의 자립적 발전을 선도한다. 행정중심복합도시를 중심으로 전국적인 공공행정 네트워크를 형성함으로써 국토의 통합적 발전을 유도하고 지역의 혁신역량을 강화하여 지역의 자립적 발전을 선도한다.

지난 40여 년간 우리나라는 수도권 일극 중심의 불균형발전 전략을 통해 빠르고도 압축적인 산업화에 성공하였다. 그러나 압축성장의 결과로 수도권은 심각한 과밀의 문제로 시달리고, 지방은 정체와 저발전의 악순

환을 벗어나지 못하고 있다. 이 상태를 방치할 경우 수도권과 지방, 지역과 지역 간 갈등이 심화되어 국민통합이 어려워지고, 국토 이용의 효율성 저하로 국가경쟁력이 더욱 약화될 수밖에 없다.

기존의 수도권 정책은 인구와 산업의 수도권 진입을 억제하는 '입지규제 중심의 소극적 접근'에 치중하였다.

한편 '소극적 지방 육성 정책'으로 지방의 인구와 자원이 지속적으로 유출되어 지방은 새로운 발전 동력을 갖지 못하고 있다. 지방 스스로 일어설 수 있는 자립형 지방화를 추진할 내생적 역량이 소진되어 수도권과 지방간, 지역과 지역 간 불균형이 심화되었다.

국가재도약을 위해서는 '적극적인 수도권 발전정책, 적극적인 지방 육성 정책'으로 국가발전 패러다임을 전환시켜 나가야 한다.

공공기관의 지방이전은 불균형발전 전략에 따른 수도권 인구집중을 완화하고, 자립형 지방화 및 수도권 질적 발전의 계기를 마련하기 위한 가장 현실적인 대안이다. 공공기관의 기능적 특성과 지역전략산업 및 혁신클러스터를 연계시킴으로써 자립적 지역발전의 토대를 구축하고 혁신도시 건설과 연계하여 지역특성화 발전을 촉진함으로써 지방도시의 경쟁력과 활력을 제고시킨다.

행정중심복합도시 건설, 공공기관 지방이전, 수도권 종합발전내책 등 국가재편 프로젝트를 통합적으로 추진하여 국가재도약의 기틀을 마련해야 한다.

① 지역의 산업적 특성을 고려하여 자원개발기능군이 이전한다.

② 지역의 장기 발전비전(생명건강산업 수도) 등을 고려하여 건강생명기능군이 이전한다. 따라서 건강 · 생명 관련 전 · 후방 연계산업의 발전에 기여한다.

③ 청정환경 보유, 넓은 산악지대, 이전기관의 지역 연고성 등을 고려하여 관광 등 관련기관이 이전한다.

<표 35> 강원도 이전대상 공공기관

자원개발기능군(3개)	대한광업진흥공사, 대한석탄공사, 석탄산업합리화사업단
건강생명기능군(4개)	국민건강보험공단, 건강보험심사평가원, 대한적십자사, 한국보훈복지의료공단
기타이전기관(6개)	한국관광공사, 국립공원관리공단, 산림항공관리소, 국립과학수사연구소, 도로교통안전관리공단, 한국지방행정연구원
13개 기관	

출처: 국가균형발전위원회.

• 원주시의 기업도시 및 혁신도시 사업

2004년 12월 정부의「기업도시개발 특별법」제정을 통해 원주시는 2005년 4월 기업도시(지식기반형) 시범사업을 신청하였다. 이에 같은 해 7월 원주시는 기업도시(지식기반형) 시범사업으로 선정되었으며 12월에 운영위원회가 발족되었다.

원주시 기업도시 개발사업은 원주시 지정면 가곡리 · 신평리 일원으로 1차 100만 평의 규모로 이루어지며 1,603억 원의 사업비를 들여 첨단의료, 첨단연구, 건강바이오 및 문화콘텐츠 사업을 도입한다.

향후 2007년 10월 공사착공을 목표로 2006년 4월 타당성 조사 및 기본계획 수립용역에 착수하였으며 7월에 특수목적법인을 설립하고 2007년 4월에 실시계획수립 및 승인 신청을 할 계획이다.

기업도시 건설은 민간기업의 투자촉진으로 공공복리를 증진하고 국민경제와 국가의 균형발전을 도모하며 원주시 낙후지역 개발을 통한 인구유입, 지역경제 활성화, 고용창출 효과를 기대한다.

원주시는 2006년 1월 강원도의 혁신도시 건설 지자체로 최종 확정되었으며 이를 통한 사업시행자 내정, 혁신도시 주민설명회 및 혁신도시건설지원 특별법 입법예고 등을 추진하고 있다. 원주시로 이전되는 공공기관과 이전 직원수는 12개 기관 3,314명으로 다음 표와 같다.

〈표 36〉 원주시로 이전되는 공공기관 직원수

기 관 명	직원수	비고
합계	3,314	
대한광업진흥공사	345	
대한석탄공사	90	
석탄합리화사업단	82	
국민건강보험공단	630	
건강보험심사평가원	950	
대한적십자사	145	
한국보훈복지의료공단	79	
한국관광공사	376	
국립공원관리공단	100	
산림항공관리소	65	
국립과학수사연구소	168	
도로교통안전관리공단	236	
한국지방행정연구원	48	

출처: 원주시청 홈페이지(http://www.wonju.go.kr)에서 발췌하여 재구성.

혁신도시 건설사업의 사업부지는 원주시 반곡동 일대로 105만 평의 규모를 가진다. 앞으로의 추진계획은 혁신도시 특별법 제정 및 시행자 선정, 혁신도시 개발계획 및 실시계획 수립 및 혁신도시 착공 등이 있다.

원주시는 모범적이고 성공적인 혁신도시 건설로 국가 균형발전 및 중부권 성장거점 도시로 육성될 것이며 인구 유입(2만 명) 및 지방자주재원(33억 원)이 확충되며 지역경제도 활성화될 것이다.

(3) 강원도 차원의 계획 검토 및 평가

1) 제3차 강원도 종합계획

정부의 제4차 국토종합계획과 연계하여 강원도의 미래상을 제시하고 이를 실현시키기 위한 도정의 최상위 종합발전계획이다. 이 계획은 인간과 자연이 함께 사는 "생명건강수도" 건설을 목표로 하며 2020년을 목표년도로 한다.

주요전략은 강원도의 공간구조를 기능적으로 활용하기 위해 수도권과 행정중심도시 건설에 대응한 전략축을 육성하고 남북교류와 평화협력의 전초기반을 형성한다.

"#"자형 교통망의 조기 구축을 위해 동해안 남부고속교통축 형성과 남북종단 중부내륙 고속교통축 형성 및 수도권과 설악 · 금강권 및 환동해권을 잇는 동서북부 고속교통망 형성 등 간선교통망을 구축한다. 또한 생명건강산업의 육성을 위해 지식기반산업, 농산어촌 특화산업 및 관광산업을 육성하고 자연 · 생태환경의 보전과 시장가치 제고를 위해 환경수도계획을 수립하고 농산어촌 자원의 보전을 통한 창조를 수행한다. 새농어촌 건설운동을 통한 "마을 만들기 사업"을 추진하며 지자체간 협력사업을 추진한다.

2) 강원 7+3 전략

강원도의 지정학적 · 지형적 여건을 고려할 때, 남북관계, 환동해권, 동북아의 여건 변화를 고려하지 하지 않은 강원도의 장기발전 전략은 무의미하다. 즉, 공간구조상 행정구역이 넓고 지역발전을 선도할 대도시가 없어 도시권을 중심으로 한 평면적인 발전전략은 한계를 지닌다. 따라서 대

내외적인 여건변화에 부응하고 지역의 특성을 고려한 균형발전을 촉진하여 새로운 교통망 '축'을 따라 지역을 기능적으로 특화, 발전시키는 '강원 7+3'전략을 본격 추진한다.

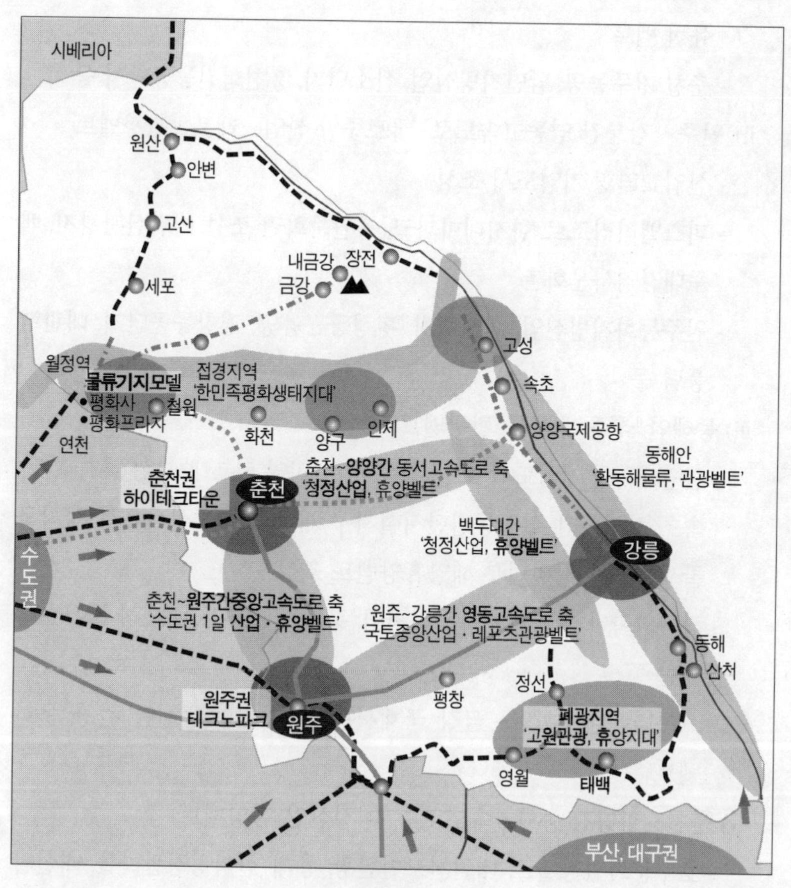

[그림 16] 강원 7+3 전략

출처: 강원도청 홈페이지(http://www.provin.gangwon.kr).

〈7대 기능화 전략〉

i) 춘천~원주간 중앙고속도로 축 '수도권 1일 산업, 휴양벨트'

- 신도시 조성: 관광 · 레저형, 대학, 전원휴양 등
- 자연환경연구공원, 생명 · 건강과학공원, 영상컴플렉스, 충의문화유적 벨트
- 춘천 거두농공, 남면지방산업, 산소단지, 홍천화전농공단지 등

ii) 원주~강릉간 영동고속도로 '국토중앙 산업 · 레포츠관광벨트'

- 산업교역형 기업도시 조성
- 피스밸리리조트, 한지테마파크, 북원문화권 조성, 어답산관광지, 백두대간역사문화촌
- 원주동화지방산업, 횡성한방, 횡성공근농공, 평창농공단지, 대관령풍력 등

iii) 동해안 「환동해 물류, 관광벨트」

- 관광레저형 기업도시 조성: 강릉 사천, 양양 하조대, 고성 화진포 등
- 속초 하버시티, 설악동집단시설지구 개발, 오산리선사유적, 삼척물골생태공원, 강원남부 해양휴양벨트 조성
- 강릉과학단지, 동해자유무역지역, 동해항 컨부두, 속초항 크루즈항개발 등

※특별플랜: 「설악~금강 국제관광자유지대」, 「동해안 관광, 문화벨트」

iv) 춘천~양양간 동서고속도로축 「청정산업, 휴양벨트」

- 호수문화관광벨트, 내린천모험관광, 용대 산악형경관마을, 내설악캠핑장

※특별플랜: 「춘천권 친환경호수문화관광벨트」

v) 폐광지역 「고원관광, 휴양지대」

- 카지노리조트, 서학레저, 국민안전테마파크, 탄광지역생활문화복원,

블랙밸리, 아우라지테마공원, 민둥산 생태공원, 동강생태탐방 등

- 태백장성, 영월팔괴, 탄광지역 경비행장, 삼척대 도계캠퍼스 건설 등

vi) 접경지역 「한민족 평화, 생태지대」

- 철원 평화신도시
- 3대모델화사업, 국토정중앙개발, 월남파병용사 만남의장, 곡운구곡관광지

※ 3대모델화 (남북교류타운, DMZ평화생명공원, 평화문화광장)

vii) 백두대간 「생태, 산림, 휴양벨트」

- 천년수(주목)사업, 미래경제림 시범단지, 자연생태탐방 기반조성

〈3각 테크노밸리 전략〉

i) 춘천권 「하이테크타운」

- 멀티미디어 · 애니메이션 · 생물산업 중심
- 바이오타운, 생물산업단지, 문화산업클러스터

ii) 원주권 「테크노파크」

- 의료기기 · 정보통신 · 한방산업 중심
- 의료기기클러스터, 의료기기전용단지, 한방단지, 서울대 첨단바이오 연구단지

iii) 강릉권 「사이언스파크」

- 해양생물 · 신소재 · 방재 · 심층수 중심
- 해양수산자원화센터, 세라믹 신소재 클러스터, KIST강릉분원, 심층수단지

3) 강원도 지역혁신발전계획

'생명 · 건강산업'은 도내에서 '생명'을 키우고 지키는 활동을 기반으로 사람의 '건강한 삶'을 지향하는 산업을 총체적으로 의미한다. '생명 · 건강산업'은 미래지향적 관점에서 도내 모든 구성원들의 혁신 마인드를 촉발하고자 하는 키워드이다. '생명 · 건강산업'은 도내 모든 산업부문, 지역, 마을이 내부 역량을 결집하여 구축해 나가야 할 강원도의 미래상이다. '생명 · 건강산업'은 도내 모든 지역이 고유의 역량을 축적시키고 스스로 특화 발전해 나갈 종합 지역 발전 시스템이다.

지역의 GDRP 수준을 결정짓는 데 중요한 분야인 제조업의 경우, 현재 동해시의 북평 국가공단과 6개 지방공단 그리고 23개의 농공단지가 있다. 북평 국가공단 및 북평 지방산업단지를 제외하고는 전반적인 분양률이 100%에 달한다. 특히 원주를 중심으로 수도권 접근도가 양호한 지역에서는 산업용지가 부족한 현상도 발생하고 있다. 또한 지식 기반 제조업이 원주권을 중심으로 이루어지고 있다. 강원도의 의료기기업체는 전국 업체수의 5%에 불과하지만 수출 비중에서는 40%를 차지하고 있으며, 도

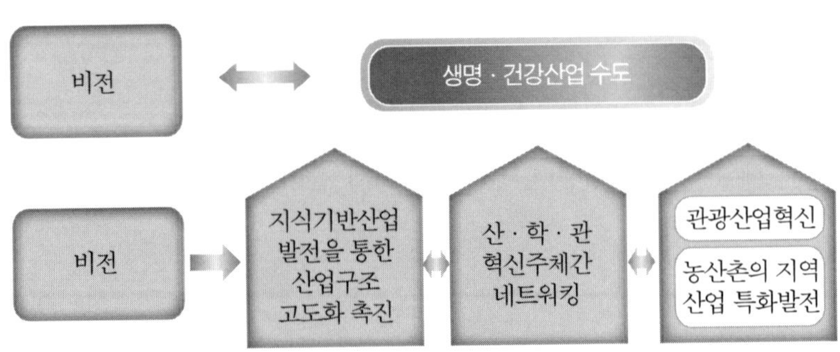

[그림 17] 강원도 지역혁신발전계획 비전

출처: 강원도 지역혁신발전 5개년 계획서.

내 수출품목에서는 볼 때 23%로서 시멘트 제품을 제치고 1순위를 차지했다. 또한 2002년부터 의료기기부문이 비금속광물을 누르고 강원도 수출품 1위의 자리를 지키게 되었다. 이는 강원도에서도 제조업이 발전할 수 있다는 좋은 예라 하겠다.

현재 우리나라 전자의료기기 분야는 기반구축 단계로서 세계시장 점유율은 1.5% 내외이고 수출은 2억 7천만 달러, 생산규모는 4억 달러에 달한다. 2010년경에는 세계시장 점유율 10%, 수출규모 25억 달러, 생산규모 43억달러 수준의 세계 5위의 전자의료기기 생산 수출국으로 부상하려는 비전을 갖고 있다.

강원도는 의료기기산업 중 부가가치가 높은 전자의료기기 등의 사업을 집중 육성함으로써 전국 4%의 제조업체에서 국내 수출량의 39.8%를 차지한다.

강원도는 원주지역에 보건, 의학, 기계, 한방 등 보건 · 의료기기산업 관련 고급 인력양성 및 연구기반을 구축하고 있다. 연세대학교 원주캠퍼스 보건과학대학 · 의과대학, 공과계열에 특화된 한라대학교, 지역한방 의학의 고급화와 인력양성에 중추적 역할을 담당하고 있는 상지대학교 한의과대학이 중추적 R&D 및 인재양성기반을 형성하고 있다.

지난 20년간 축적한 풍부한 인력과 첨단기술을 바탕으로 1998년부터 지역대학교, 의료기기산업체, 지방자치단체간의 유기적인 협력을 통해 의료기기 분야를 지역 특화 사업으로 육성 중이다. 870억 원을 투자하며 정부가 470억, 지자체가 146억, 민간이 254억을 투자한다.

원주권 의료기기 관련 인프라는 연세대학교 연세의료공학연구원에 의료공학 및 재활공학 연구센터(RRC)와 첨단의료기기 기술혁신센터(TIC) 및 의료공학 교육센터 등이 있으며 첨단의료기기 테크노타워에 연세의료공학연구원, 창업보육센터, 기업연구소가 입주해 있다. 또한 원주 의료기기 산업기술단지를 구축하고 있고 원주 의료기기전용공단을 조성중이다.

지방자치단체의 전폭적 육성의지에 힘입은 이러한 인프라를 바탕으로 현재 원주는 국내 최고의 의료기기산업 중심지로 발전하고 있다. 그러나 아직까지 업체들의 영세성, 지역내 관련인재들의 외부유출, 다국적 의료기기업체의 국내시장 공략 움직임 등은 어려움으로 대두되고 있다.

SWOT 분석을 토대로 의료기기산업 육성을 위한 기본전략을 다음과 같이 설정한다.

① 의료기기 산업 전문 인력 양성

- 2010년까지 2만 5,000명의 의용공학 전문 인력이 필요하나 연간 의공학과 배출인력은 1,200명에 불과하다.
- 의료기기 산업 클러스터의 의용공학, 의학, 기계공학 및 한의학 특화 대학의 교육 수준과 환경을 세계적 수준으로 끌어 올리고 체계적 의용공학 기능인력 양성 기관을 육성한다.
- 동시에 강원도의 의학 및 공학 관련 대학은 물론 인근 충북 및 경기 지역에서 의료기기산업 관련 인력을 양성하고 있는 경희대학교, 고려대학교, 건국대학교, 세명대학교 등과 네트워크를 강화한다.

② 차세대 의료기기산업 발전 동력을 위한 과학기술 경쟁력 제고

- 의료기기산업은 소량 전문제품을 생산하는 기술혁신 속도가 빠르고 제품의 라이프사이클이 짧은 기술 · 지식 집약적인 특성을 갖고 있다.
- 관련기술의 발전은 많은 연구개발 투자비를 필요로 하는 투자 위험도가 매우 높은 산업이다.
- 향후 의료기기산업은 사회의 노령화와 「유비쿼터스 컴퓨팅」, 「스마트 홈」 등의 기술발전으로 인하여 고전적인 병원에서 사용하는 의료용구 및 용품시장과 함께 실버산업, e-Health, 대체의학 등 새로운

시장이 창출될 것이다.

- 이러한 새로운 시장에서 필요한 핵심기술을 검토하고 그에 따른 정책방향을 제시하여 국내 의료기기 산업의 미래 경쟁력을 높여야 한다.

③ 의료기기산업단지 집적 및 고도화

- 세계 의료기기 회사는 인수 합병 등을 통하여 거대 다국적기업으로 발전하고 있으며, 기업의 제품간 공통 모듈 및 부품의 표준화를 통하여 시장 경쟁력을 높여가고 있다.
- 공통 사용기술 · 부품에 대해서 공동 개발 · 생산 · 활용함으로써 불필요한 낭비를 줄이고 각자 경쟁력 있는 핵심 기술에 집중하도록 한다.
- 의료기기산업은 생명을 직접 대상으로 하기 때문에 품질에 대한 안전성 보장이 중요시되는 산업으로 철저한 안전성 관리전략을 추진한다.

④ 수출기업의 대형화를 위한 해외 마케팅 집중지원

- 현재 강원도가 추진하고 의료기기산업의 기반을 강화하고 발전시키기 위해서는 세계시장의 흐름을 읽고 이에 제품 기획부터 마케팅에 이르는 과정을 통합 지원할 수 있는 One-stop Service시스템 구축이 필요하다.

4) 정선군 지역혁신 발전 계획

① 지역혁신의 비전

아리랑의 전통과 바이오 전략산업, 특화산물의 구체화와 지역이 갖는

'청정자연환경'의 보존과 지역혁신을 통한 '미래관광도시' 건설을 비전으로 한다.

② 지역혁신의 목표 및 추진 전략

전통문화 아리랑의 고향, 기반산업 바이오코스메틱, 관광산업인 가족휴양 엔터테인먼트의 중심 그리고 청정 농산업 특화를 통한 청정 이미지 각인이라는 4대 목표를 추진하며 이를 위한 구체적 추진 전략은 다음과 같다.

첫째, 지역 전략산업을 통한 산업구조의 고도화를 촉진한다.

둘째, 전통 · 문화 · 자연 · 특산물을 통한 농 · 산촌 지역 특성화 산업을 발전시킨다.

셋째, 산학연과 지역혁신 주체 간 네트워크를 통한 지역혁신체계를 구축한다.

넷째, 혁신 역량 강화를 통한 인재를 육성한다.

③ SWOT 분석

내부적 강점으로는 풍부한 자연자원, 주민들의 높은 정주의식과 국내 유일의 내국인 카지노 산업의 입지 그리고 뛰어난 자연자원과 고품질의 농 · 특산물 및 지하자원이 있다. 이와 같은 자연자원과 문화자원 등이 어우러져 산업의 복합화가 가능하며 농촌민박 등의 체험관광과 연계하여 지역 발전의 가능성을 높일 수 있다.

반면 내부적 약점은 각 읍 · 면간 연결도로체계의 미흡과 노폭이 좁고 굴곡과 경사가 급하여 도로교통체계가 나쁘며 읍면소재지와 농촌간의 격차, 젊은 층의 감소, 고령인구의 증가, 토지 이용의 어려움, 취약한 제조업 기반 및 사회 · 문화 · 복지시설 등을 꼽을 수 있다. 이를 토대로 지역혁신 발전 방안 및 혁신 역량 강화 방안을 제시하고 있다.

(4) 기초자치단체 차원의 계획 검토 및 평가

1) 횡성군의 횡성한우 문화촌 조성 사업

횡성한우의 특성화를 통한 지역경제 활성화와 주민소득을 창출시킨다. 또한 횡성한우와 관련 1 · 2 · 3차 산업의 융합을 도모한 전국 제일의 한우생산 특성화 지역으로 육성시킨다.

이를 위해 횡성한우문화촌을 조성한다. 횡성한우를 위한 공간이 부족하여 '먹을거리+볼거리+즐길거리'의 종합문화공간을 마련하고 생산, 가공, 판매 등 일체형 시설을 확충한다. 또한 횡성한우축제개최, 한우 조형물 및 대형 홍보탑 설치 및 한우 데이터베이스를 구축하여 종합홍보 시스템을 구축한다. 그 외에 횡성한우를 명품화시키고 지역혁신 역량을 강화시킨다.

2) 영월군의 박물관고을 육성 사업

영월군은 영월 지역만이 가지고 있는 독창적인 정체성을 개발하여 타 지방자치단체와는 차별화된 지역사회개발 사업의 하나로 박물관 군 조성 사업을 역점으로 추진하고 있다.

그 결과 9개소의 박물관을 이미 개관하였으며, 현재 기존 박물관 운영에 내실을 기하면서 2개소의 박물관을 건립중에 있고 향후 2015년까지 10개소 이상의 박물관을 추가 건립함으로써 총 20개소 이상의 박물관 및 전시관을 보유하는 세계 최대지향 박물관 고을 육성을 목표로 하고 있다.

3) 평창군의 HAPPY 700 브랜드 강화 사업

평창군의 대표 브랜드인 "Happy 700"을 지역농업과 농촌관광의 활성화를 위한 핵심자원으로 특화함으로써 주민소득증대는 물론 자립형 지방화로 나가는 데 중점을 두고 있다.

이를 위해 첫째, 교육과 학습을 통해 지역 주민의 혁신 역량을 강화하고 둘째, 경쟁력 있는 농산물에 대한 Happy 700 브랜드 인증을 통한 안정된 판로구축과 농촌체험관광의 활성화로 주민의 소득 증대와 삶의 질을 향상시켜 궁극적으로 Happy 700 고을 평창을 만들어 나가는 데 신활력 사업의 기조를 둔다.

4) 정선군의 생약초 특화 지역 조성 사업

생약초 산업 클러스터의 구축으로 생약초 연관산업을 정선군의 대표적인 특화산업으로 육성함으로써 생약초 재배의 복합산업화로 농촌소득 기반을 고도화시키고 안정적인 지역소득 기반 조성으로 농촌 정주 기반을 조성하고 지역 관광자원과의 연계로 경제활성화 효과 파급을 통하여 지역활성화를 도모하고자 한다.

구체적 사업추진 전략은 다음과 같다. 첫째, 지역활성화의 핵심은 사업참여자의 역량에 있으므로 사업기간 중 지속적인 정신교육 및 경영마인드 배양에 주력하여 자조적인 사업정착을 도모하고 선택과 집중에 입각하여 지역 발전을 선도하고 파급 효과가 큰 사업 중심으로 추진하되 재배지 안정 후 연관 사업으로 확산을 도모한다. 또한 역내 연구 개발인력의 부족에 따라 외부기관과 연대를 강화하고 주민이 잘할 수 있는 분야를 우선하여 육성한다.

5) 태백시의 청정 고랭지채소 특성화 추진

고원청정 도시 태백시 고랭지채소 활성화 및 산업화와 더불어 발효식품 산업의 클러스터를 구축한다. 다시 말해 태백시의 대표적인 특산물은 고랭지 채소를 지역의 특화산업으로 육성하고 이를 발효식품 산업에 접목시켜 활성화시킴으로써 지역의 경제 활성화와 자립형 지방화를 지향한다. 이를 위해 선택과 집중에 입각한 전략적 사업을 개발하되 지역사회 친화력을 감안한 적정한 개발을 한다. 지역 브랜드화 및 지역판촉을 강화하고 주민참여와 협력에 바탕을 둔 자조적 · 협조적 지역 개발을 추구한다.

(5) 지역 성공사례

1) 원주 의료기기 특구

① 원주의 특구및 기업도시

원주 의료기기 산업은 지역 내 전문가 분포에 대한 철저한 조사를 토대로 시작했다. 남부 독일의 튀틀링겐(Ttlingen) 시를 모델로 의료기기 분야 중 우리만이 할 수 있는 분야를 선택하였으며 원주시에는 3개의 종합대학과 2개의 전문대학에서 많은 학생을 배출하고 있다.

② 의료기기 산업의 특징

소량 다품종 생산, 의학과 공학의 다학제적(多學制的) 융합기술, 중소기업형 첨단산업, 기술집약형 고부가가치 산업, 21세기형 미래산업이다.

국민의 건강과 밀접한 관계를 갖는 산업이므로 경기변동에 영향을 적

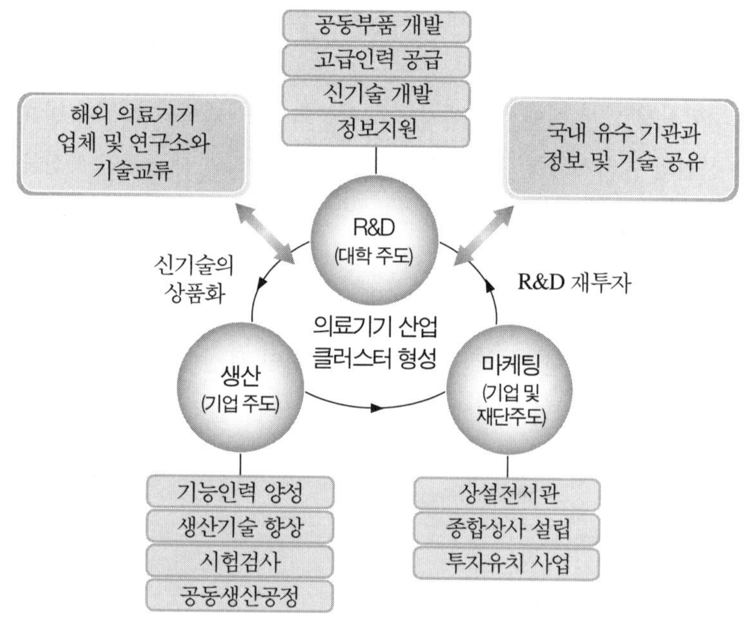

[그림 18] 의료기기 산업 클러스터 형성

게 받는 안정적 산업, 생활수준 향상과 노령인구의 증가에 따라 의료기기 기술 개발 환경과 시장 규모가 급증한다.

③ 지자체 특성화 방안

군사도시에서 특화된 첨단산업도시로의 이미지 변신, 지역대학들의 특성에 따른 역할 분담을 통해 특성화된 교육도시로 탈바꿈(양방 · 한방의료기기), 전자의료기기, 재활기기 중심의 관련산업 유치를 통한 자급형 의료도시로서 "Made in Korea"에서 "Made in Wonju"로 국제 이미지 변신, 2010년까지 강원지역 의료기기 수출액을 국내 수출액의 80% 이상으로 육성, 무공해 첨단 산업과 이에 따른 교육, 문화 수준 향상을 통한 도시 수준을 향상시킨다.

④ 원주 의료기기산업 발전 계획

독일 튀틀링겐을 모델로 한 특화된 의료기기 산업도시로 육성하여 다양한 분야보다는 특정 분야에 집중함으로써 시너지 효과를 상승시킨다. 인력양성→연구지원 →장비지원→BI→Post BI→산업단지가 네트워크 형태로 운영되는 종합지원 시스템을 구축하며 전자의료기기, 재활기기를 중심으로 특성화를 이루어 원주 지역에 150개 이상의 업체를 유치시킨다. 협력업체 유치를 통한 자급형 산업단지(부품공급, 디자인, 전자조립, 정밀가공, 시험검사 등), 해외 유수 기업을 유치함으로써 국제적 의료기기 산업단지로 육성시키며 생산기술연구소 설립으로 실질적인 연구 개발지원체계를 확립시킨다.

2) 정선의 생약초 사업

① 생약초 생산의 최적지

높은 일교차 및 고도차로 색깔, 향, 성분이 우수하고 산지형 약초 재배의 적지이며 자생 생약초가 풍부하다. 생약초 특화 기반을 갖추고 있다. 반면 단순가공한약재 유통 및 경제 기반이 취약하고 생약초 브랜드 마케팅이 전무하고 고랭지 채소 대체작물이 개발되어 있다.

② 생약초 클러스터 형성

생약초 재배지를 확충하고 생약초 체험 마을을 육성, 생약초식품 개발생산, 생약초브랜드화 마케팅을 주축으로 교육, 유통, 행정, 정보통신을 보조로 삼아 생약초 클러스터를 형성하였다. 또한 연구기관, 행정기관, 재배농가, 언론 사회단체, 관련 기업, 농업지원기관을 주축으로 생약초 특화사업단을 구성하였다. 백두대간약초나라 영농조합법인을 설립하여 생약초 특화 지역의 성공모델을 육성하고 집단재배단지를 조성할 것을 다짐

하였다. 또한 생약초 건강 기능식품을 개발하고 생약초 직접지불제를 운영하며 공동브랜드 개발 및 지리적 표지제 등록을 시행하였다.

(6) 지역 개발 전략 검토

평창의 경우 서울대 농생대 이전 유치를 위해 준비를 철저히 해야 한다. 지역 발전을 다지고 지역의 역량을 쌓을 수 있는 좋은 방법은 기업도 물론 좋은 수단이 되지만 대학을 유치함으로써 지역의 인재를 양성하고 그 대학 자체로 주민소득 기반이 만들어지므로 서울대 농생대의 이전 유치를 위해서 총력을 기울여야 할 것이다. 평창은 영동고속도로와 인접해 있고 환경적으로 자연친화적이며 농생대생들의 연구 활동에 충분한 주변 환경을 지니고 있다. 또한 동계올림픽 유치를 위한 온라인 유치 전략을 세우고 언어 의사소통 문제를 해결해야 할 것이다. 다가오는 2014년 동계올림픽 유치는 국민적인 소망뿐만 아니라 평창의 발전과 위상을 향상시키는 좋은 기회가 될 것이다. 이를 위해 온라인을 통해 다양한 세대에 홍보를 하는 것은 전 국민에 대한 유치 홍보 및 협조 요청에 좋은 결과가 예상된다. 또한 외국인이 평창을 찾았을 경우 꼭 필요한 영어는 구사하여 평창을 알릴 수 있고 국제화된 평창의 이미지를 알릴 수 있는 계기가 되리라 생각된다.

원주의 경우 미군기지가 이전해야 한다. 미군기지로 인한 제약으로 원주가 강원도 방향이 아닌 충청도 방향으로 기형 발전하고 있다. 또한 지역간의 인적 자원 이동이 원활하지 못하다.

춘천의 경우에도 미군기지 이전이 이슈이다. 이와 관련된 토론회 및 각종 공청회가 이루어져 주민의 참여 및 협조를 구하고 있다. 도심 재개발 기대를 하고 있다. 또한 미군기지가 이전할 경우 발생하는 미군부지의 활용에 관한 방안을 세워야 할 것이다.

의료기기산업이 너무 원주에만 집중되어 성장하여 지역간의 불균형을 초래할 수도 있다는 의구심을 자아내고 있다. 원주 의료기기는 국가적 균형발전 차원에서 집중 육성되고 있고 원주 의료기기특구로 지정되어 획기적인 발전 가능성을 지니고 있다. 이러한 원주 의료기기의 성장은 다른 산업에 다소 위화감을 부여하거나 경계의 눈길을 받고 있는 것은 사실이다. 하지만 강원도의 거점도시를 육성하고 지방의 자립적 성장 및 발전을 도모하며 국토의 균형발전을 위해서는 지역 내의 혁신 클러스터의 집중 육성이라는 목표는 더욱 강하게 이루어져야 할 것이다. 강원도의 낙후성과 소외감을 불식시키고, 비전과 목표를 확고히 하기 위해서는 가능성이 있는 산업에 대한 지역민의 관심과 배려가 있어야 할 것이다. 지역민이 지역의 산업을 육성하지 않고 서로 배타적으로 견제할 경우 결국 지역민은 큰 발전의 계기를 스스로 버리는 결과를 초래할 수 있을 것이다.

서울과 거리가 가까워 주민등록상의 주소는 원주가 아닌 서울인 경우가 많다. 이 문제 또한 서울과 원주의 접근성이 개선됨으로써 간과하지 못할 부분이다. 접근성의 개선이라는 문제는 서울에 거주하는 사람들이 강원 남부권의 시 · 군으로 이주할 수 있다는 경우가 될 수 있다. 반면 강원 남부권에 거주하는 시 · 군민 또한 서울로 이주할 가능성이 높나 라고 말할 수 있다. 이것은 오히려 강원 남부권 시 · 군의 지방이탈 현상을 초래하여 지금의 이탈 현상보다 더 높은 수치로 이탈을 초래할 가능성이 있다. 현재 공공기관의 지방이전은 이미 확정된 사실이다. 그러나 공공기관을 이전할 곳을 정하는 혁신도시의 건설에 강원도의 모든 시 · 군이 서로의 견해와 입장만을 제시하고 있는 현실이다. 원주의 경우도 행정중심도시와 접근의 용이성을 들어 혁신도시 유치의 타당성과 효율성을 주장하고 있지만 그러한 인구 이탈 현상이 발생한다면 과연 혁신도시 및 접근의 용이성이 타당성을 갖는지 의심해 볼 여지가 있다.

지역특성화 사업이 지역의 불균형발전을 야기시킨다. 선택과 집중의 논리는 그 범위에 따라 균형이 될 수도 있고 불균형이 될 수도 있다. 국가적 범위에서 지역특성화 사업은 전 국토를 고르게 발전시키는 균형 정책일 수 있다. 하지만 지역 내에서의 특성화 사업은 또 지역 내에서의 불균형 정책으로 작용할 수 있다. 이러한 국가적 정책이 지역민에게 불신과 불협화음을 일으키는 것은 정책을 구사하는 정책입안자의 생각과 철학이 과거 정부의 위에서 아래로의 정책입안이기 때문에 그러한 양상을 보이고 있는 것이다. 지역민에 의한 지역에 의한 정책입안과 정책결정이 이루어져야 이러한 불신과 불협화음이 종식되지 않을까 생각된다. 현 참여정부에서는 지역혁신체계, 지역혁신협의회, 신산학협력 등 다양한 방법으로 지역 전략산업과 지연산업을 지역 스스로 해결할 수 있는 통로를 마련해 주었다. 이러한 노력이 실질적으로 아직도 지역민에게 국가적 정책으로만 받아들여지고 스스로의 노력을 촉구하는 철학이 담겨 있다는 것을 깨닫지 않는 한 단지 예전의 국가적 정책처럼 지역민은 수혜적 입장에서 그런 정책을 바라볼 것이며 불신의 씨앗을 낳게 될 것이다.

강원도의 최대 과제는 교통망의 확충이다. 현재 강원도의 지역 SOC 사업이 많은 호응을 얻고 있다. 지역 SOC는 지역 발전의 근간을 이루는 근본적인 시설이다. 특히 도로망의 확충은 강원도의 자원을 수도권 소비시장에 판매할 수 있으며 수도권의 소비자들이 강원도를 보다 쉽게 방문할 수 있다. 따라서 지역의 SOC는 국가적 균형발전을 촉진시키는 매개체라고 할 수 있다.

지역 전략산업의 육성에는, 중소기업의 경쟁력을 높이고 핵심적인 중소기업을 전략적으로 키우는 정책이 필요하다. 독일과 일본의 경우에는 중소기업의 경쟁력이 국가경쟁력을 좌우한다는 생각으로 경쟁력 있는 중소기업을 발굴, 육성하고 있다. 대기업 중심의 한국 경제에서 대기업의 부실과 부패는 국가의 신용도 및 경쟁력을 크게 약화시키고 그러한 결과가 대우사태, IMF 위기 등의 결과를 초래하였다. 불균형성장론, 과거 우리 경제의 발전 전략이었다. 산업연관관계가 긴밀한 사업, 국가를 단기에 발전시킬 사업, 소수의 엘리트에 의한 사업을 우선적으로 발전시켜 왔다. 이러한 발전 형태는 속도에서 과거의 어떤 나라도 이루지 못할 성장을 이루었다. 많은 나라에서 한강의 기적을 벤치마킹하고 모델로 삼았다. 이러한 발전의 뒤에는 대기업과 정부의 힘겨운 노력이 있었던 것을 간과할 수 없다. 하지만 놀라운 성장에도 불구하고, 불균형 성장은 산업의 집중, 인구의 집중, 수도권의 집중뿐 아니라 지방의 산업구조 취약, 인구의 이탈, 지방의 낙후성 또한 야기시켰다. 이러한 문제에 대해 경제적 논리를 내세우기도 한다. 수요와 공급, 가격의 결정, 효용 등의 경제적 용어로 불균형 성장을 당연시하는 것이다. 실질적으로 많은 사람들, 특히 지식인들이 이러한 논리로 불균형 성장론을 지지하여 왔다. 사실상 현재의 성장이 그들에 의해서 이루어진 것은 피할 수 없는 사실이다. 국민소득 1만 달러를 이루어 낸 저력 있는 성장론이었을 것이다. 하지만 이제는 불균형성장론 대신에 새로운 균형 성장론이 실천되어야 한다.

강원 남부권의 경우 지역주의에 대한 2가지의 의견을 가지고 있다. 첫째 지역소이기주의를 버려야 한다. 즉 공공기관의 이전이라는 큰 이점을 두고 각 지지체간의 불협화음은 강원도 전체로 보아서는 좋지 못한 결과를 낳을 수 있다. 따라서 강원도는 적절한 배분 정책을 마련해 각 지자체간의 불협화음을 없애야 할 것이다. 둘째, 지역이기주의와 애향심에 기초한 지역주의이다. 강원도민은 지역주의가 타 지역에 비해 약한 편이다. 이것은 그동안 강원도의 낙후성과 무관심의 한 요인이기도 하다. 이 점을 극복하고 더 나은 지역으로 발전하기 위해서는 애향심에 기초한 지역주의가 필요하다.

강원도의 경우 인구밀도가 낮다. 이것은 지리적으로 백두대간이 영동과 영서로 나뉘고 산악지형과 호수가 많아 지역간 이동이 어렵기 때문이다. 이러한 이동이 자유롭지 못하기 때문에 서로의 교류가 부족하고 의견 차이가 발생한다. 따라서 지역끼리 교류가 필요하다. 지역 안에 민간교류가 많이 필요하다. 또한 지역 특성을 길러야 한다. 각 지자체의 일반적이고 상투적인 발전보다는 보다 지역적이고 독창적인 발전 전략을 수립해야 할 것이다.

3. 영동권

영동권은 태백산백을 중심으로 동쪽에 위치하고 있으며 동해안이라는 자원과 연계된 관광 · 축제가 많이 있으며 마을을 중심으로 지역주민 스스로 혁신을 이루기 위해 노력하고 있다.

(1) 지역적 특성

1) 지리적 특성

강원도는 우리나라 중부 지방의 동쪽에 자리잡고 있으며, 태백산맥이 길게 뻗어 내려가면서 그 지맥인 대소 산맥들이 좌우로 뻗어 있기 때문에 산과 구릉이 도내 전역을 덮고 있다. 강원도는 주맥인 태백산맥을 분계로 크게 영동 지방과 영서 지방으로 나누어진다.

영동 지방은 강원도를 중심으로 보았을 때, 태백산맥을 기준으로 동해 바다 쪽에 분포된 지역을 뜻한다. 태백산맥의 가운데 줄기인 중앙산맥을 경계로 영동 지역과 영서 지방으로 나뉘며 중심도시는 강릉시, 동해시, 속초시, 삼척시 등이다. 급경사 지형이 발달한 경동지형(傾動地形)을 이루며 좁고 긴 해안평야가 펼쳐진다. 해안지형은 강릉을 경계로 하여 남쪽에는 암석해안, 북쪽에는 사빈해안이 발달하였고, 남강과 남대천 하류에는 평탄한 충적지가 펼쳐져 도심지대를 이룬다. 또한 산맥의 급경사면이 바다와 접해 있어 평야 지역은 거의 없으며 해안선을 따라 좁고 길게 형성되어 있다.

2) 역사적 특성

상고 시대에는 이곳에 예맥이 자리잡았으며 고구려 때는 하서랑(河西良)이라 불리다가 4세기 말에 신라에 예속되었다. 639년(선덕여왕 8년)에 북소경이라 하고 사신을 두었고, 658년(태종 무열왕 5년)에는 강릉이 말갈과 연접하여 백성들의 삶이 편안하지 못하기에 경을 폐지하여 주로 삼고 도독을 두었다. 그러나 명주(溟州)라는 명칭을 붙인 것은 757년(경덕왕 16년)에 이르러서인데 하서주를 명주라 고치고 9군 25현을 영속시켜 9주의 하나인 명주로 삼았다. 고려 995년(성종 14년)에는 삭방도라 하여 화주와 명주를 합쳤다. 1308년(충렬왕 34년)에 강릉부, 1366년(공민왕 15년)에 강릉도라는 지명으로 불리었는데 강릉이라는 지명은 고려 후기에 정착되었다고 할 수 있다. 1413년(태종 13년)에는 강원도에 예속시켜 강릉대호부라 하였다. 1995년 지방행정구역 통합에 따라 현재 영동권에 소속된 지방자치단체는 고성군, 속초시, 양양군, 강릉시, 동해시, 삼척시가 있다.

3) 자연적 특성

강원도는 일반적으로 고도가 높기 때문에 같은 위도의 경기 지역에 비하여 한랭한 편이고, 영동 · 영서 지방 사이에는 기후의 특색이 뚜렷이 구별된다. 연평균기온은 영서에 있는 춘천이 10.5°C, 영동에 있는 강릉은 12.1°C로서 1.6°C의 차이가 있고, 1월 평균기온은 춘천이 −7.3°C, 강릉이 −1.0°C로서 6.3°C의 차이가 있으며, 8월 평균기온은 춘천 25.5°C인 데 비하여 강릉은 24.3°C로서 춘천이 1.2°C가 높다.

연평균강수량은 춘천 1,224.9mm, 강릉 1,282.1mm로서 강릉이 57.2mm 정도 더 많다. 태백산지에는 겨울철에 차가운 북서풍이 산지와 부딪치면서 많은 눈을 내린다. 이때는 교통이 두절되어 많은 불편을 겪는다. 대관령은 연평균강수량이 1,581mm에 이르러 우리나라의 최다우지 가운데 하나이다.

계절에 따른 기후의 변화를 보면, 영동 지방은 겨울에 북서풍을 태백산맥이 가로막아 푄 현상이 일어나고 북상하는 따뜻한 해류의 영향을 받기 때문에 서해안에 비하여 4°C 정도 기온이 높다.

중부 산악 지방에서는 동서의 저지대보다 더욱 복잡한 기상 현상이 나타나며 날씨의 급변 현상과 이상기상 현상으로 가끔씩 큰 피해를 입기도 한다. 일반적인 기상 특성을 보면 산맥의 급한 경사면을 따라 내려와 바다로 연결되는 영동 지방은 해양성기후에 가까운 기상 특성을 많이 보이고 있다.

영동 지방은 산맥의 급경사면이 바다와 접해 있어 평야 지역은 거의 없으며 해안선을 따라 좁고 길게 형성되어 있다. 이러한 지형적 여건에 따라 영동 지방은 위도에 비하여 겨울철은 온난하고 여름철은 비교적 시원한 편이어서 연기온의 교차가 적은 편에 속한다.

4) 관광자원과 문화재

국립공원으로는 설악산과 오대산, 동해를 끼고 광활한 해수욕장과 아름다운 석호와 기암절경이 많이 분포되어 있다. 대표적인 관광자원은 관동8경이라 할 수 있다. 각 지방자치단체별 관광자원을 살펴보면 다음과 같다.

대표적인 문화재로는 상원사 동종(上院寺銅鍾, 국보 제36호)·월정사 8각9층석탑(月精寺八角九層石塔, 국보 제48호)·강릉 객사문(江陵客舍門, 국보 제51호)·강릉 오죽헌(江陵烏竹軒, 보물 제165호)·낙산사 동종(洛山寺銅鍾, 보물 제479호, 애석하게도 2005년 양양 산불로 소실 됨)·삼척 대이리 너와집(중요민속자료 제223호)·설악동의 소나무(천연기념물 제351호), 고성 왕곡마을(중요민속자료 제235호) 등이 있다.

〈표 37〉 지역별 관광자원

지방자치단체	보유 관광자원
고성군	화진포와 김일성 별장, 통일전망대, 왕곡마을, 가을동화 촬영지
속초시	외설악(권금성, 흔들바위, 울산바위, 비선대), 청초호, 영랑호, 조도
양양군	양양 송이, 남설악(오색약수, 주전골), 하조대, 낙산도립공원 (낙산사, 낙산해수욕장, 하조대 해수욕장), 남대천 연어와 은어
강릉시	경포도립공원(경포호와 경포해수욕장), 오죽헌, 오대산, 통일공원, 참소리·축음기·에디슨 박물관, 정동진, 사천 과줄마을, 초당순두부촌
동해시	망상해수욕장, 무릉계곡, 추암 촛대바위
삼척시	대이리 동굴지대(환선굴), 죽서루, 신리너와 마을, 영화 '외출' 의 촬영지

출처: 시·군 홈페이지 발췌 및 재구성.

5) 인구 경제적 특성

영동권에서 인구가 가장 많은 도시는 강릉시로 2004년 기준으로 228,325명이며 가장 인구가 작은 곳은 양양군으로 29,363명이다. 각 지방자치단체별 인구 현황은 〈표 38〉과 같다.

〈표 38〉 가구 및 인구 통계(2004년 12월 기준)

지방자치단체	가구수	인구수
고성군	12,484	32,563
속초시	34,012	88,386
양양군	11,427	29,364
강릉시	83,086	228,325
동해시	36,445	101,048
삼척시	27,947	74,577

출처: 강원도청 홈페이지.

〈표 39〉 강원도 내 지역 총생산

(단위: 10억 원)

시 · 군별	1995	1996	1997	1998	1999	2000	2001	2002
춘천시	1,701	1,821	2,093	1,973	2,030	2,161	2,346	2,502
원주시	2,302	2,868	2,914	2,883	2,692	2,945	2,992	3,271
강릉시	1,493	1,668	1,774	1,716	1,895	1,921	2,194	2,403
동해시	896	981	980	1,024	1,091	1,127	1,077	1,256
태백시	373	408	428	346	416	493	485	529
속초시	517	632	681	625	690	731	667	754
삼척시	649	887	872	748	851	969	1,019	1,084
홍천군	558	664	795	879	1,094	990	1,106	1,018
횡성군	488	556	644	678	668	674	594	670
영월군	451	488	608	560	577	684	654	746
평창군	420	517	542	532	595	594	585	640
정선군	366	439	450	382	404	549	794	851
철원군	431	471	552	504	546	598	601	659
화천군	242	279	293	286	329	345	366	388
양구군	198	220	254	229	257	278	298	337
인제군	366	392	436	424	469	505	529	598
고성군	335	347	408	354	395	426	418	473
양양군	256	324	327	311	386	470	388	428
강원도	12,040	13,962	15,051	14,453	15,386	16,462	17,113	18,609

출처: 강원도청 홈페이지 통계정보.

강원도 내 경제 현황을 나타내는 지역 내 총생산 통계자료를 2002년도 기준으로 살펴보면 강릉시가 2조 4,030억 원으로 강원도 전체 지역 내 총생산액인 18조 6,090억 원의 12.9%를 차지하고 있으며, 다음으로 동해시가 1조 2,560억으로 6.7%를 차지하고 있다. 양양군이 영동권역 내에서는 가장 낮은 지역 내 총생산을 보여 주고 있는데 4,280억 원으로 강원도 지역 내 총생산액에서 차지하는 비중이 2.2%이다. 강원도 내 기초자치단체별 지역내총생산액은 앞의 〈표 39〉와 같다.

6) 지역축제

각 지방자치단체별 축제는 크고 작은 많은 축제들이 지역 주민들이 자생적으로 또는 행정기관 주도로 매년 개최되고 있다. 각 지역별로 열리고 있는 축제는 〈표 40〉과 같다. 다만 필자가 임의적으로 활성화된 축제를 중심으로 우선순위를 부여하여 분류하였다.

〈표 40〉 각 지역별 축제 현황(2004년 기준)

지방자치단체	축제	내용
고성군	1. 명태축제	매년 2월 중순. 명태경매, 명태요리경연대회 등
	2. 민속체험축제	10월 중순, 왕곡마을 테마로 민속재현 및 전통체험행사
	3. 해맞이축제	가을동화 촬영지. 화진포에서 송년 축제 및 해맞이 축제. 매년 12월 31일~1월 1일
	4. 재첩잡이축제	8월 초순. 송지호 재첩잡이
속초시	1. 대한민국 음악축제	한여름의 해변 음악축제로 대중음악, 클래식, 국악, 유전 등 다양한 장르의 공연과 다채로운 음악행사
	2. 설악문화제	산악 제례의식을 변화 발전시킨 향토문화축제. 매년 10월 민속행사, 등산대회, 향토민속경기, 축하행사 등
	3. 해맞이축제	매년 1월 1일. 속초해수욕장, 설악 해맞이공원에서 신년 기원, 음악회, 무용, 레이저쇼, 불꽃놀이 등

	4. 설악눈꽃축제	눈과 얼음 축제. 매년 1월. 하얀 산길걷기, 빙벽등반대회 등
	5. 설악 트라이 애슬론경기	인간 한계에 도전하는 트라이애슬론 경기. 수영 1.5km, 사이클 40km, 마라톤 10km
양양군	1. 양양 송이축제	문화관광부 지정 우수축제. 체험형 축제. 매년 가을 송이 채취 기간(9월 말부터 10월 초)
	2. 연어축제	매년 10월 연어가 회귀하는 기간. 연어 맨손잡이 체험. 탁본 뜨기 등
	3. 현산문화제	매년 단오 전후 5일간. 성황제, 체육행사 등
	4.양양해맞이축제	새해 일출을 바라보며 소원 빌기, 소망기원 촛불 밝히기, 모닥불 밝히기 등
강릉시	1. 강릉단오제	유구한 역사의 향촌제. 중요무형문화재 13호. 신주빚기. 산신제. 다양한 부대행사 등
	2. 경포 벚꽃축제	4월중 벚꽃 개화기. 경포대 일대
	3. 허균 · 허난설헌 문화제	매년 9월 둘째주 휴일. 허균/허난설헌 생가. 주제강연. 문화예술행사 등
	4. 여름바다예술제	경포해수욕장 특설무대. 민속공연. 특집공연. 전시행사 등
동해시	1. 동해무릉제	1984년에 시작된 시민축제. 체육행사. 문화행사. 먹을거리 장터 등
	2. 오징어축제	망상해수욕장을 중심. 오징어 맨손잡기. 회썰기 등 매년 8월초
삼척시	1. 세계동굴엑스포	동굴축제 2002년 세계동굴엑스포 개최 이후, 2003년 동굴축제가 개최되었으나 아쉽게도 그 명맥이 끊겼음.
	2. 비치마라톤대회	황영조를 기념하기 위한 하프 마라톤 코스 대회
	3. 죽서문화제	정월대보름에 행하는 지역축제. 시민 중심의 축제. 민속경기. 문화예술행사 등

출처: 시 · 군 홈페이지 발췌 및 재구성.

(2) 정부 차원의 계획 검토 및 평가

참여정부에서 추진하고 있는 국가균형발전 및 지역혁신 정책과 영동 권역에 관련된 정책들은 다음과 같다.

1) 지역혁신체계 구축 사업

참여정부가 내세우고 있는 혁신 주도형 경제구조로 전환하기 위한 사업의 일환으로 지역의 혁신체계(RIS)를 구축하는 사업이다. 그 세부 내용은 지역혁신협의회 구성 및 운영과 지역혁신 인력양성, 지역혁신박람회 등을 통한 지역혁신 사례 학습 및 상호정보 공유, 지역 내의 자생적인 혁신 운동인 혁신 포럼이라든가 혁신연구회 등을 지원하는 사업이다.

2) 지방대학 지원 강화

NURI 사업이란 우수 지방대학에 5년간 총 1조 4200억 원의 예산을 집중 배정하는 지방대학 혁신 역량 강화 사업(이하 누리 사업)을 말한다.

영동권역에 있는 대학 중 NURI 사업에 선정된 대학은 관동대학교이다. 관동대 누리 사업단(GP&SG 양성 NURI 사업단)은 2005년 지방대학 혁신 역량 강화를 위한 누리 사업에 선정돼 오는 2008년까지 교육인적자원부와 강원도, 춘천시, 강릉시, 인제군으로부터 매년 총 21억 원의 지원을 받는다. 관동대가 중심이 돼 한림대 체육학과, 강릉영동대 관광경영학과 등이 협력대학으로 참여, 강원 관광과 레저스포츠를 접목한 강원 관광레저스포츠 클러스트를 구축하게 된다.

3) 지역 전략산업 육성

지역혁신 전략산업의 선정은 국가균형발전위원회와 16개 광역지자체가 의견수렴과 심의를 거쳐 2004년 7월 각 지역에 4개씩 전략산업을 선정하였다.

강원도의 전략산업과 영동권역에서 이와 관련된 산업은 강릉시와 고성군의 해양산업과 강릉시를 중심으로 추진되고 있는 신소재 산업 등이 있다.

4) 지역특화발전특구

지역특화발전특구는 지방의 특성에 따라 특정 규제가 완화되는 '지역특구' 제도로 전국이 개성 있게 골고루 잘사는 지방화 건설이 제도 도입의 취지이다.

지역특구란 정부가 재정과 조세 등의 지원을 하지는 않지만, 토지와 교육, 농업 등 각종 규제를 풀어 지방자치단체들이 지역 특성에 맞게 개발 사업을 추진할 수 있도록 여건을 조성해 주는 제도이다. 참여정부는 2004년 10월 제1회 지역특구위원회를 열어 순창장류산업특구, 고창복분자산업특구, 고창경관농업특구, 순천국제화교육특구, 대구약령시한방특구, 남제주군마라도 환경보호특구 등 6개의 지역특구 지정을 의결했다. 이후 2005년 9월 6일 강릉사이언스특구를 포함한 지역특화발전특구가 7개 추가로 지정되어 현재 총 31곳에 이르고 있다.

강릉시는 강릉과학산업단지 일대를 '사이언스파크특구'로 지정받아 친환경 천연물과 첨단 해양 바이오소재산업 등의 첨단기업 유치에 노력하고 있다.

5) 신활력 사업

신활력 사업은 낙후된 지역에 발전 기회를 균등하게 제공함으로써 국토 공간의 모든 지역이 자체의 발전 잠재력을 증진하고 지역 발전을 도모함으로써 국가 경쟁력을 강화하는 데 주된 목적을 두고 있다. 신활력 사업 대상 지역은 지역의 낙후도 등을 기준으로 전국에 70개 시 · 군을 선정하였다. 선정 지역에는 국비 2,000억 원, 지방비 442억 원, 민자유치 329억 원 등 올해 2,771억 원을 투입하고, 2006년 2,681억 원, 2007년 2,746억 원 등 국비 6,000억 원을 포함 총 8,198억 원을 지원한다.

기존의 낙후 지역 개발 사업이 관 주도로 SOC 건설, 생활 · 정주 환경 개선에 초점을 맞췄다면, 신활력 사업은 향토자원 개발, 지역문화관광 개발, 지역 이미지 마케팅 사업 등 주민의 소득 기반 확충, 삶의 질 향상과 직접 연결된 분야에 투입하고 사업의 방향이 위로부터 아래로의 투입형이 아니라, 아래에서 위로 올라가는 Bottom-up방식의 사업을 지향하고 있다. 영동권역에서 신활력 사업 대상 지역은 고성군과 양양군이 선정되어, 고성군은 '해양심층수 지역특화특구 및 산업 클러스터 구축'을, 양양군은 '송이 클러스터 육성' 사업을 추진하고 있다.

6) 공공기관 지방이전과 혁신도시

공공기관 지방이전은 수도권 과밀과 일극 중심(서울) 국토구조의 문제점을 다극 중심형 국토 균형발전으로 전환시키기 위해 수도권에 집중돼 있는 346개의 공공기관 가운데 꼭 수도권에 있을 이유가 없는 176개 기관을 12개 광역시 · 도에 배치함으로써 지역 발전의 기폭제 역할을 할 수 있도록 한다는 참여정부의 국가균형발전 핵심 정책 중 하나이다. 이를 위해 2005년 6월 24일 수도권과 대전을 제외한 12개 광역시와 도에 유사한 성격의 기관을 기능군으로 분류하여 이전 배치하는 계획을 확정하였다.

강원도에 이전되는 기관은 자원 개발 기능군 3개 기관과 건강생명 기능군 4개 기관, 기타 이전기관 6개로 총 13개 공공기관이 강원도로 이전할 계획이다(자세한 내용은 〈표 28〉을 참조).

정부는 이들 이전대상 공공기관을 중심으로 산 · 학 · 연 · 관이 유기적인 네트워크를 형성하고 친환경적이며 교육 · 문화 등 지식 기반이 구축된 혁신도시를 건설, 그 파급 효과를 확산시킨다는 계획이다. 현재 강원도에서는 공공기관이 이전해 올 혁신도시를 유치하기 위해 강릉시와 춘천시, 원주시가 각축을 벌이고 있다. 강원도의 혁신도시 선정은 이미 한 차례 연기를 거쳐 10월 말에 윤곽을 드러낼 것으로 전망된다. 그러나 이 혁신도시 유치와 관련해 강원도의 각 시 · 군이 과열 양상을 보이므로, 혁신도시 선정 이후에도 많은 잡음이 발생될 것으로 보인다.

(3) 강원도 차원의 계획 검토 및 평가

강원도의 지역혁신 발전 방안은 크게 두 가지 사업으로 나눠 볼 수 있다. 첫째는 지역혁신체계 구축 사업과 두 번째는 지역 전략산업 육성이다.

지역혁신체계(RIS) 구축 사업은 한마디로 '인간 · 생명 RIS'의 구축이라고 할 수 있다. '인간 · 생명 RIS'의 구성요소로는 지식 기반산업과 농산촌 기반산업, 관광산업이다. 강원도가 지역혁신체계를 '인간 · 생명 RIS'라는 명칭을 사용하고 있는 것은 혁신 주체로서 인간을 중심으로 강원도가 '생명과 건강'의 거점이 되고자 하는 의지를 표현한 것이라 하겠다.

지역 전략산업의 비전으로는 '생명 · 건강산업'을 설정하고 있다. 강원도의 지역산업 비전은 도시 중심의 신산업 부문과 농산촌 기반산업 부문, 관광산업 부문을 구성요소로 하여 자원성과 이미지를 결합시켜 '생명 · 건강산업'으로 설정하였고 강원도의 산업 및 지역여건을 감안할 때 특정 지역 중심의 산업부문을 집중적으로 육성하기보다는 도내 전역에서 '생명 · 건강'을 지향하는 다양한 특화산업의 발전을 가져오도록 하는 데 있다. 이러한 '생명 · 건강산업'으로 선정한 강원도의 세부 전략산업은 바이오산업(강원도의 생태, 자원성과 가장 적합하며 삼각테크노밸리를 통하여 산업

기반이 형성되어 있음. 청정 · 실버바이오, 해양바이오 분야를 포괄)과 의료기기산업(삼각테크노밸리산업에 의하여 경쟁력을 갖춰 가며 2002년부터 강원도 내 수출 분야 1위의 자리를 차지하고 있음), 신소재 · 방재산업(현 주력산업인 시멘트산업을 생명 · 건강 친화적인 신산업으로 발전시켜 나감), 관광문화산업(관광은 경쟁력 요소평가에서 가장 앞서는 분야이며 게임, 애니메이션 등 엔터테인먼트 산업과 연계하여 지식산업화할 수 있는 기반이 형성되고 있음) 네 가지에 지연산업 육성을 더 첨가할 수 있을 것이다. 이 중 영동권역과 관련 있는 사업은 바이오 산업과 신소재 · 방재산업, 관광문화산업, 지연산업 육성 분야이다.

영동권의 바이오산업은 춘천권의 실버 · 청정바이오 산업과는 달리 강릉권(강릉시, 양양군, 고성군)에서 해양바이오를 선택 · 집중하는 형태로 사업을 추진하려고 한다. 해양바이오산업 세부 육성방안을 살펴보면, 해양생물산업 인력양성 공급, 해양생물산업 혁신 역량 강화, 지역기업 고도화 및 벤처창업 활성화, 산업입지 및 기반시설의 확충 등을 통한 해양생물산업 클러스터의 형성이다. 이 해양생물산업 클러스터의 거점은 강릉과학산업지방단지(2005년 9월 지역특화발전특구로 지정)이다.

신소재 · 방재산업은 신소재산업과 방재산업으로 나누어 볼 수 있다. 신소재산업은 금속, 유기, 무기 원료 및 이들을 조합한 원료를 바탕으로 새로운 제조기술을 접합시킴으로써 과거에는 없던 물리적 가치와 사회적 가치를 창출하는 소재와 관련된 산업으로 강릉대 파인세라믹 지역기술혁신센터와 KIST 강릉분원 등을 통해 영동권에서 R&D 기반을 가지고 있다. 신소재육성 사업으로는 세라믹 신소재의 원료생산 집적지 조성을 동해시 북평국가산업단지 내에 조성하여 강릉과 삼척을 연계한 세라믹 신소재 원료산업 벨트화를 추진하려고 한다.

한편 방재산업은 자연재해, 인위재해로부터 우리의 환경과 생명을 지키기 위한 필수부문이면서 환경, 화공, 삼림, 기계, 전자, 정보통신, 전기,

토목, 건축 분야가 복합된 지역경제 파급 효과가 큰 사업 분야임에도 공공서비스적 성격이 강하여 시장 내에서 크게 발달되지는 못하고 있는 실정이다. 강원도에는 해마다 산불, 태풍 등 재해가 빈번하고 그 피해가 크므로 이를 근본적으로 해결하면서 지역경제를 진작시킬 수 있는 현실적인 이유가 있다. 방재산업과 관련하여 삼척대학교에 방재기술전문대학원과 방재학부가 설치되어 강원도 내 연구 기반이 확충되고 있다.

관광문화산업은 단순히 관광과 문화산업을 의미하는 것이 아니다. 관광과 문화를 융합하여 문화 · 생태관광의 형태를 추구하고 또한 전통과 현대의 다양한 문화 컨텐츠를 융합하여 엔터테인먼트 산업으로 관광산업의 지속성을 확보하고자 하는 것이다. 한편 영동권역은 천혜의 관광자원(설악산, 동해, 관동팔경 등)을 바탕으로 해마다 많은 관광객을 유치하고 있다. 문화 컨텐츠 산업과 관련한 영동권역의 R&D 기반은 강릉시의 소프트웨어지원센터와 강릉대학교의 전자상거래지원센터가 있다.

지연산업 육성은 지역의 특산물을 생산 전략으로 연결하여 경쟁력 있는 상품을 만드는 것으로 지역 고유의 재료, 문화, 산업전통과 연계함으로써 전통성, 문화예술성, 세계성을 확보하여 결과적으로 경쟁력 있는 지역상품 또는 관광상품으로 만들려는 전략이다. 이 지연산업 육성은 강원도내 18개 시 · 군 모두가 해당될 수 있는 산업 분야로서 영동권의 경우 양양의 송이와 연어, 동해의 오징어와 명태, 삼척의 동굴 등과 강릉의 초당순두부와 사천 과질(한과)과 같은 지역의 토속적인 음식을 발굴하는 사업이 가능하리라 예상된다.

(4) 기초자치단체 차원의 계획 검토 및 평가

1) 고성군

① 지역혁신발전 5개년계획

고성군 지역혁신의 비전은 첫째 남북 관광교류 협력 기반 구축을 통한 설악 · 금강 국제관광권의 중심도시 및 남북교류 배후 거점도시 형성, 둘째 지식 기반형 해양 바이오 신산업 집적지 조성, 셋째 지역혁신 역량 강화를 위한 산 · 학 · 연 · 관 · 민 네트워크 구축이다.

지역혁신을 추진하기 위한 방안으로는 지역혁신체계 구축과 지역혁신 전략산업 개발, 지역산업 육성이 있다. 지역혁신체계 구축은 현재 고성군의 혁신 주체들의 역량이 미흡하기 때문에 향후 긴밀한 네트워크를 형성하면서 신축적으로 변화하는 지식창조형 체계로 발전하는 것이 바람직하다. 지역혁신체계 구축방안으로서는 마을혁신협의회 구성 등을 통한 추진위원회를 결성하고, 고성 발전에 필요한 의제를 발굴하거나 지속적인 포럼 운영을 위한 고성 발전 혁신 포럼을 구성하는 일, 설악권 지역혁신협의회와 연계방안을 모색하는 것이 있다.

지역혁신 전략산업 개발은 해양바이오산업과 관광문화산업으로 구성되어 있다. 해양 바이오 산업은 해양심층수를 활용한 바다목장화 사업을 추진하여 지역 발전 및 어촌소득 증대에 기여하겠다는 전략이다. 또한 해양심층수산업화 단지 조성은 첨단 해양과학기술을 이용한 해양심층수산업화 기반 조성 사업과 고성 해양심층수 테크노파크를 이용한 종합 해양관광권 활성화 사업으로 이루어져 있다. 해양심층수산업화 활용방안으로는 물(생수, 기능성 음료수), 소금(청정소금, 기능성 소금), 식품(김치류, 장류, 주류, 두부, 염장류), 약품(당뇨약, 투석액, 신약), 의료(피부염 치료, 해양요법), 미용(화장품, 보습제, 입욕제) 등의 활용방안이 있다.

관광문화산업의 세부 계획으로는 복합관광레저타운 조성, 북방 관광 및 비무장지대 관광의 활성화, '해중경관지구'조성, 화진포 생태관광단지 개발, 삼포 · 문암 관광단지 조성, 송지호 관광단지 조성(전통가옥을 가진 왕곡 마을의 체계적 정비, 가족 휴양촌 조성), 잼버리 오토캠프장 개발, 진부령 자연휴양림(소똥령 마을) 조성, 아름다운 길 조성이 있다.

혁신 역량 강화 사업으로는 마을혁신체계 구축과 교육, 공무원의 혁신 역량 강화, 지역혁신 인재 조기양성과 연구 역량 강화가 있다.

② 해양심층수 활용 지역특화산업 기반구축

고성군 신활력 사업은 '해양심층수를 활용한 지역특화산업 기반구축'이라고 한마디로 요약할 수 있다. 사업목적으로는 첫째, 남북 관광교류협력의 기반구축을 통한 설악 · 금강의 국제관광권의 중심도시 및 남북교류의 배후 거점도시로서 고성 지역에 특화된 관광상품 개발로 지역경기를 부양하는 것이며, 둘째로는 삶의 질 향상과 인적 · 경제적 파급 효과를 극대화시키는 1 · 2 · 3차 산업융합 모델을 개발하는 데 있다. 세 번째로는 해양심층수를 활용한 산업화, 소득화, 웰빙형 상품 개발의 여건확보와 마케팅전략을 추진하는 것이다. 사업기간은 국가균형발전위원회의 신활력 사업 계획 일정에 따라 2005년부터 2007년까지 실시될 예정이다. 총사업비는 110억 원으로 세부 내용은 〈표 41〉과 같다.

〈표 41〉 고성군 신활력 사업비 소요내역

(단위: 백만 원)

연차별 투자계획			교육비 투자 내역		
'05	'06	'07	전문인력 양성 및 교육		
			'05	'06	'07
2,500	5,000	3,500	75	75	75

출처: 고성군 신활력사업 계획서.

신활력 사업의 주요 사업 내용으로는 대략 4가지 사업으로 분류되는데 지역혁신 역량 강화 사업, 타라소피아[9] 기반조성 사업, 건봉 다시마장 브랜드화 사업, 고성 녹차음료 사업이다.

지역혁신 역량 강화 사업은 고성군 지역혁신협의회 산하 실무운영위원회 및 연구회 운영, 마을 단위 지역혁신체계 구축, 해양심층수 관련 창업보육센터 운영 지원 시스템 구축, 고성 통합관광정보 시스템 운영으로 구성되어 있다.

타라소피아 기반조성 사업은 선진우수사례 벤치마킹 및 사업 타당성 조사, 타라소피아 관련 법인 설립 및 시설운영 전략 · 방법 등 마스터플랜 작성, 전문인력 양성 및 교육, 연계상품 연구 지원 및 연구장비 확보, 인터넷 홈페이지 등을 통한 홍보 및 마케팅 구축, 타 산업과의 연계화 및 민간자본 유치 계획으로 구성되어 있다.

건봉다시마장 브랜드화 사업은 지분참여를 통한 민간자본 유치 및 법인설립으로 전문경영인 체계를 구축하는 것, 연구 인프라 구축 및 학습센터 운영지원, 경영지원 시스템(법인설립 및 운영지원, 관계자 운영교육 및 수요인력교육, 사업준공 및 제품생산체계 등 구축지원, 대량생산체제 구축 지원) 구축, 홍보 및 마케팅 지원(상품전시 및 홍보체험관 조성, 지리적 표시제 도입, 도농교류 등) 사업으로 이루어져 있다.

고성 녹차음료 사업은 연구지원 사업(종자확보, 차나무 도입 등, 해양심층수 활용 시범포 조성 및 파종, 연구장비 및 다원조성 기계장비 도입, 차 종자 파종 · 육묘장 조성) 확대, 행정 및 경영지원 시스템(작목반 법인 추진, 재배단지

9) Thalassa-Therapie: 일본어로는 해양요법으로 번역되는 Thalassa-Therapie는 그리스어의 Thalassa의 海와 Therapie라는 치료의 합성어로서 1876년 프랑스 의사인 라보나티엘 박사에 의해 명명되었고 지중해를 중심으로 널리 활용되고 있음. 해수 · 해초 · 해양성 기후가 가지는 의학적인 효과를 치료목적으로 이용하는 자연요법이라고 정의할 수 있음.

확대, 금융 분야 및 재산형성 지원, 다원 운영자 및 종사원 교육 실시) 구축, 차생산 RIS(고성녹차산업협의회, 해양심층수 활용한 차 관련 제품 산업화) 구축, 다원의 관광지화로 그린투어리즘 추진으로 구성되어 있다.

이러한 '해양심층수를 활용한 지역특화산업 기반구축' 사업을 통해 얻을 수 있는 효과는 크게 네 가지로 볼 수 있다. 첫째 지역혁신의 성패를 좌우하는 혁신 리더 확보, 혁신 환경 조성, 관련 산업의 혁신성 제고 등을 확보할 수 있다. 두 번째로 해양심층수를 활용한 관광, 농수산물 등의 산업특화로 일거리 창출 및 지역경기를 부양할 수 있다. 세 번째로는 해양심층수를 활용한 농산물의 산업화로 친환경성 이미지 부양 및 제품의 차별화 및 특화로 지역의 생산품을 고부가가치화함으로써 농업경쟁력을 제고할 수 있게 될 것이다. 마지막으로 주민의 자율적 참여를 통한 소득사업화 및 그린투어 체험관광 상품 개발 효과를 볼 수 있다.

그러나 이러한 고성군 신활력 사업인 '해양심층수를 활용한 지역특화산업 기반구축' 사업이 가진 가장 큰 문제점은 이 사업 계획 내부에 존재한다기보다 외부에 존재한다고 볼 수 있다. 이를테면 이 사업의 전제 조건인 해양심층수산업이 활기를 띠어야만 이 사업이 성공할 수 있다는 약점을 가지고 있다. 그런데 현재 해양심층수산업이 성공적으로 추진되고 있느냐는 여전히 의문으로 남는다.

2) 속초시

지역혁신 발전 5개년 계획

속초시의 지역혁신 비전은 남북 및 환동해권 교류협력 거점 평화관광도시이다. 이러한 비전을 달성하기 위한 추진 전략으로는 속초시의 지리적 입지를 이용하여 남북교류협력의 거점도시화를 통한 설악-금강 연계관광의 조기 실현, 속초항과 양양국제공항의 활성화 및 관광특화단지 조성 등을 통하여 환동해권관광 및 물류의 거점도시화와 평화의 이미지를 지역의 브랜드화하기 위한 방안으로 평화 관련 교육 및 연구시설의 적극 유치와 대규모 국제회의 개최 등을 통한 외교 · 안보 · 통일 관련 지원 기능의 강화를 통한 속초 관광의 활성화이다.

속초시가 지역 발전 전략으로 선정한 전략산업은 '평화관광산업'이다. 이러한 '평화관광산업'을 육성하기 위해서 7가지의 세부 사업 계획을 가지고 있다.

첫째 금강 · 설악 연계 관광에 대한 발전 계획을 가지고 있다. 금강산 관광 사업은 현대라는 단순히 한 기업의 사업이 아니라 남북한의 교류협력의 장이라는 상징성에서 설악권의 연계관광을 개발하고자 하는 것이다. 세부 내용으로는 '설악권 관광특구' 활성화와 이산가족 면회 및 각종 남북회담 유치를 위한 기반시설 구축, 남북 직교역 상담소 설치, 탈북자 재교육시설 유치가 있다.

두 번째 환동해교류 거점도시화 방안이다. 이 계획의 핵심은 속초 · 연해주 · 블라디보스톡 · 일본 간 관광협력벨트 구축이라고 할 수 있다. 관광교류협의회를 통합 운영함과 함께 환동해교류센터를 설립하고 아시아 민속촌을 조성함으로써 환동해교류의 거점도시화를 달성하겠다는 전략이다. 또한 속초항만공사를 설립하고 해양 관련 공공기관의 유치, 해양레저타운(해양관광단지, 해양박물관, 해양산업단지, 마리나, 민속어촌전시관 등)의 조성과 춘천 · 속초간 철도의 조기 개통 등의 사업으로 구성되어 있다.

세 번째 평화 관련 교육 및 연구시설 유치이다. 평화교육 · 연구도시 건설을 위한 기반구축 사업으로는 통일 관련 데이터베이스 구축, 북한 원전 및 통일 관련 자료 집대성을 위한 평화도서관 건립과 현재 통일부가 담당하고 있는 통일 관련 교육을 속초시와 연계하여 추진하는 사업으로 구성되어 있다. 설악 · 금강권 연계 평화체험시설 구축 사업은 현재 해맞이 공원에 설치되어 있는 시설들을 개선 · 활용하는 평화해양공원 조성과

실향민 관광문화촌을 조성하는 사업으로 구성되어 있다.

네 번째 외교 · 안보 · 통일 지원 기능 확대 사업의 세부 내역으로는 외교 · 안보 · 통일 관련 국제회의의 속초 유치와 속초국제교류재단 설립, 외국인 대표회의를 속초에서 운영하고 국제 스포츠행사 유치, 국제컨벤션 전문인력 양성 등을 통한 국제 컨벤션 기능의 강화 사업으로 구성되어 있다.

다섯 번째 평화관광과 관련된 하드웨어 정비 사업이 있다. 이 사업으로는 평화관광 거점 지역으로서의 기능 강화(속초시와 주변관광지를 연계한 시티투어버스 도입, 편리한 관광안내체계 구축)와 평화관광 활성화를 위한 테마도시 조성(평화의 거리라는 특화거리를 조성하고 테마거리를 조성. 시네마거리, 술독거리, 고기잡이거리, 쇼핑거리, 먹자거리, 도깨비 광장 등) 사업과 Water Front를 활용한 관광 매력성 증대(청초호와 영랑호 주변 친수공간 재정비와 체험공간 제공 등), 국제관광도시로의 발전을 위한 숙박 및 위락공간 조성 사업으로 되어 있다.

여섯 번째 평화관광 관련 소프트웨어의 개선이다. 시민들이 스스로 친절 서비스를 제공할 수 있는 시민 운동의 참여 확대와 시민 서포터즈 운영 활성화, 시장 직속의 평화관광추진기획단(관광 정책을 비롯한 속초의 미래 비전 실현을 위한 각종 사업 추진 및 평가체계 구축)을 설치, 해양문화 · 관광축제 특화 육성 사업으로는 해양레포츠 축제(트라이애슬론과 국제 챌린지대회 등, 패러글라이딩, 스쿠버다이빙, 바다낚시대회, 윈드써핑대회와 평화기원 페스티벌)개최와 세계평화음악축제(사계절과 조화되는 연중의 음악축제), 관광코스 개발과 상품화, 속초 공동 브랜드의 개발 및 지역여행사 연합체 구축, 관광정보센터 운영 강화 사업으로 구성되어 있다.

일곱 번째 지역산업의 관광산업화가 있다. 이를 위해 도시 근교 특화작물전문단지의 조성과 향토관광제품의 개발, 물류센터 및 도시상업시설 확충 사업을 계획하고 있다.

3) 양양군

송이 클러스터 육성 사업

양양군의 신활력 사업 계획은 '송이 클러스터 육성 사업'으로 요약된다. 이 사업의 목적은 '양양 송이'를 지적 재산권화하고 명품화를 통한 세계적 브랜드를 확보하는 데 있으며, 현재 양양 지역에서 이루어지고 있는 송이에 관한 개별적 산발적인 연구를 연구 역량집중 및 상호 네트워킹을 통해 송이 생산량 증대에 기여하는 데 있다. 또한 2차 산업 활성화를 통한 고용창출 및 지역소득 증대를 목적으로 하고 있으며, 생태체험공간 조성으로 관광산업과 연계하여 지역의 경제를 활성화하고자 하는 것이다.

양양군 '송이 클러스터 육성 사업'의 사업기간은 2005년에서 2007년까지이고, 총사업비는 78억 8,700만원으로 세부 내역은 〈표 42〉와 같다.

〈표 42〉 양양군 신활력사업 예산내역서

(단위: 백만 원)

연차별 투자 계획		
'05	'06	'07
2,887	2,500	2,500

출처: 양양군 신활력사업 계획서.

'송이 클러스터 육성 사업'의 내용으로는 크게 보면 7가지로 분류된다. 지리적 표시제 등록 지원, 송이균환 확대연구 시범지 운영, 송이산지 환경조성산업, 송이가공산업 활성화, 축제지원 및 이미지 사업, 송이생태관 조성, RIS 구축이 그것이다.

첫 번째 사업으로 지리적 표시제 등록 추진 지원이다. 지리적 표시제는 어떤 상품이 생산지의 기후, 풍토 등 지리적 특성과 밀접하게 연계되어 특성 있는 품질이나 맛을 형성하고, 명성이 널리 알려져 있는 경우 '지리적 명칭'을 '지적 재산권'으로 인정해 주는 제도이다. 양양 송이를 이러한 지리적 표시제 추진으로 지리적 명칭보호와 부가가치 제고 및 경쟁력을 강화하고자 하는 것이다.

두 번째 사업으로는 송이균환 확대연구 시범지 운영 사업이다. 양양 송이는 소나무림의 방치, 기상변화, 병해충 등의 환경변화로 송이 생산량이 급감하고 있어 다양한 방법의 송이 시험연구 사업의 전개가 필요한 실정이다. 송이균 인공대량 배양 및 송이산지 접종에 의한 균환 형성 사업과 소나무림의 송이산 복원을 위한 식생정리 및 균환 포구 관리, 관수 · 피복에 의한 생장시험과 균사이동시험 등 다양한 시험전개 사업 등이 있다.

세 번째 사업으로 송이산지 환경조성 사업이 있다. 사업의 세부 내역으로는 간벌,[10] 가지치기,[11] 하층식생정리,[12] 지피물 제거,[13] 산물정리[14] 등을 통해 생태 환경 조성으로 건강한 산 조성과 송이생산량의 증가를 통해 송이의 안정적 공급, 저소득층 및 실업자에 고용 효과를 제공함으로써 지역 경제를 활성화시킨다는 전략이다.

네 번째로는 송이 가공산업의 활성화 계획이다. 세부 사업 내용은 송이 가공품 개발 및 상품화, 저장기술 개발 및 홍보 마케팅 지원 사업이다. 신상품 개발 지원 사업은 송이와 관련된 상품 개발에 들어가는 연구비를 지원하는 것으로 구성되어 있고, 홍보 마케팅 지원은 팸플릿 제작 및 각종 행사 참여시 지원 사업으로 구성되어 있다. 양양과 서울 지역에 송이 상품 전문매장도 개장을 할 계획이다.

---

10) 간벌: 임목밀도 조절을 위하여 소나무 및 활엽수 제거.

11) 가지치기: 햇빛의 양 조절을 위하여 가지 제거.

12) 하층식생정리: 햇빛 조절을 위하여 관목류 등 제거.

13) 지피물 제거: 송이균사 보호를 위하여 낙엽 등 제거.

14) 산물정리: 간벌, 가지치기, 하층정리, 지피물 제거과정에서 나온 산물을 대상구역 밖으로 이동.

다섯 번째 축제지원 및 이미지(Image) 사업이다. 양양 송이의 오늘날 명성을 있게 한 데 커다란 기여를 한 송이축제를 적극적으로 지원하겠다는 의도로서 2008년까지 '전국 10대 축제' 선정이라는 비전을 가지고 축제를 지원하려고 하고 있다. 특히 축제지원에 있어 현장체험 등 체험 프로그램의 적극적인 개발 및 지원과 공격적인 홍보 마케팅으로 사업이 구성되어 있다.

여섯 번째 송이 생태관 조성 사업이다. 송이를 테마로 한 클러스터 육성산업이 일회성으로 그치지 않고 지속적으로 지역에 활력을 불어넣을 수 있는 구심적 역할과 산업 · 관광 · 연구 · 기술이 상호 교류할 수 있는 중심부 역할로서 송이 생태관을 통해 만들겠다는 것이 이 사업의 목적이다. 송이 생태관에 필요한 예산은 최소한의 필요경비는 신활력 사업비에서 사용하고 그 외에는 지방비 및 타 부처 국비를 활용할 계획을 가지고 있다. 송이 생태관 사업 내용은 체험 및 감상(송이의 생육과정, 체험장), 교육 · 학습(송이 연구, 자료관, 강의), 쇼핑(송이 가공식품, 캐릭터 상품, 특산물 등), 테마공원(체험전시, 산촌체험장 등)으로 구성되어 있다.

일곱 번째 지역혁신체계(RIS) 구축 사업이다. 양양군의 지역혁신체계는 산(産, 법인, 단체 조합, 가공 · 유통업체), 학(學, 강원대, 경동대, 연구소, 송이연구모임), 관(官, 양양군, 강원도, 중앙정부), 민(民, 송이생산 농가)이 혁신 주체로 지리적 표시제, 연구시범지 운영 등 위에서 언급한 6가지 사업을 통해 송이와 관련된 1차와 2차 산업을 융합하여 RIS를 구축하고자 하고 있다.

이러한 '송이 클러스터 육성 사업'을 통해 양양군은 송이에 관한 연구 · 개발(생산증대방안, 2차 상품 개발)의 성과를 생산현장에 접목하여 생산량을 증가시키고(목표—5년 이후 연간 70톤) 가공업체 육성 · 관련 업체 유치 등을 통한 1,500여 명의 고용창출을 가져올 것으로 기대하고 있다. 또한 인증된 고품격 브랜드 취득으로 농가소득을 향상시키고, 관광산업과 연계하여 사계절 관광객 유치함으로써 현재 연간 700만 명의 관광객을 1,000만 명 수준으로 끌어올릴 수 있을 것으로 기대하고 있다.

그러나 양양군의 신활력 사업 계획인 '송이 클러스터 육성 사업'의 성패는 계획이 가진 장 · 단점보다 현장에서 실제로 이 사업을 집행할 때 얼마나 현장 중심으로 사업을 집행할 수 있느냐(송이 생산농가와 지역 주민의 자발적인 참여를 이끌어 내고, 단순히 사업의 참여를 넘어서는 지역 주민의 자발적인 사업 주도)가 이 사업의 성패가 아닐까 생각한다.

4) 강릉시

지역혁신 발전 5개년 계획

강릉시의 비전은 '세계로 열린 과학 · 문화 · 관광의 도시'로 거듭나는 것이다.

이를 위한 발전구상으로는 강릉시를 1핵(도시의 중심핵), 3부심(1핵의 북부, 남부, 서부), 5개발 축(도시 개발축, 순환형 자연관광 레저 개발축, 내부문화관광 개발축, 물류 · 교통 개발축, 산업 개발축)으로 지역을 권역별 특성에 맞도록 개발하겠다는 것이다.

1핵은 강릉시의 중앙권으로 중심핵이며 행정, 상업, 금융, 문화관광 기능을 중심으로 개발을 추진한다. 북부권은 주문진 · 연곡면으로 어업전진기지 및 수산유통 가공 기능을 중심으로 개발하며, 서부권인 대관령권은 왕산면과 성산면 일부로서 관광 레저와 산림휴양, 화훼유통 기능을 중심으로 개발하는 전략, 남부권은 옥계면과 강동면이 해당되며 공업, 물류, 관광휴양 기능으로 개발하겠다는 것이다. 여기에 근교생활권(사천면, 성산면, 구정면이 해당)은 첨단과학, 전원주거, 관광휴양 기능 중심으로 개발하겠다는 계획이다.

이러한 사업 방향에 따라 이를 달성하기 위하여 강릉시는 다음과 같은

7대 전략을 선정하였다. 세계 지향의 전통문화예술도시, 오고 싶고 머물고 싶은 국민여가도시, 친환경 신소재 첨단산업도시, 환동해권 물류 중심도시, 청정하고 쾌적한 자연생태도시, 삶의 질을 높이는 복지건강도시, 앞서 가는 선진자치도시라는 전략을 세워놓고 있다.

7대 전략 중 첫 번째는 세계 지향의 '전통문화예술도시'이다. 이를 달성하기 위한 사업으로는 단오의 국제화와 전통문화도시 건설, 예술의 중심지로의 도약으로 세부 사업 내용은 〈표 43〉과 같다.

〈표 43〉 전통문화예술도시 관련 사업

사업명	세부 내용
단오의 국제화	단오제 세계무형문화유산 등록, 단오문화기금 30억 조성, 단오 민속마을(타운) 조성, 단오장 야외원형극장 조성, 여성황사 정비
전통문화도시 건설	임영관 및 관아복원 공사, 굴산사지 유적 정비, 허균 · 허난설헌 유적공원 조성, 문화자원의 인프라 구축 등
예술의 중심지로 도약	종합아트홀 건립, 해변 야외음악당 건립, 예술의 국제화와 전문화

출처: 강릉시 홈페이지.

두 번째는 오고 싶고 머물고 싶은 '국민여가도시' 조성이다. 이를 위해 전원생활체험, 레저 · 스포츠 활동 등 관광여건 변화에 대응하는 특화된 관광상품을 개발하여 한국 관광의 휴양도시로 조성해 나가겠다는 계획이다. 세부 내용을 살펴보면 경포도립공원의 사계절 관광지화(경포도립공원 환경정비, 경포대 정문주차장 정비, 오션돔 해수파크 조성), 신규관광자원 적극 개발(주문진해수욕장 외 6개소 종합관광지 개발, 정동진타임힐 사업, 피셔리나형 해양 레포츠 단지 조성, 태양공원 조성, 은퇴자 휴양촌 설립), 관광지구별 조화와 특색있는 개발(강릉 · 소금강 온천지구—콘도미니엄, 삼산 지구—농어촌 휴양지, 대관령 지구—옛길문화촌, 대기 리조트 지구—스키 · 골프장, 심곡 · 금진 지구—해양관광시설), 관광객 수용시설 확충(머물기 위해 가는 관광지 조성, 레포츠형 관광상품개발, 관광객 유치 활동, 4계절 관광이벤트 행사, 문화체험장 운영, 관람형 유입코스 지정 등), 다양한 체육시설 확충(골프장 · 야구장 · 수영장 등 공공체육시설 확충, 구도 강릉의 특성화 사업, 동네체육시설 확충, 체육 인프라 구축)으로 구성되어 있다.

세 번째로는 친환경 '신소재 첨단산업도시' 조성이다. 세부 계획으로는 강릉과학산업단지를 R&D특구로 육성하여 천연물 · 해양생물 · 신소재 산업 관련 업체 등의 생산 · 유통 · 판매망이 갖춰진 복합단지로 개발하겠다는 전략이다. 또한 중소 벤처기업의 경쟁력 강화와 지역산업의 효율화 · 차별화로 경제도시를 구축하는 계획(강원 세라믹 신소재산업 클러스터 조성, 강릉 해양수산자원산업화지원센터 건립)을 가지고 있다.

네 번째는 21세기 환동해 경제권의 '정보 · 물류 · 유통의 거점도시'로 성장하겠다는 전략이다. 세부 사업 내용은 유통정보 네트워크(강릉 지역종합정보센터 구축과 금융 일괄처리시스템, 여행정보체계 구축 등을 통한 정보화 기반구축)와 물류 · 유통 인프라 확충(농산물종합유통단지 조성 · 농산물도매시장시설 확충 · 농축수산물 전자직거래 개설 운영 등을 통한 유통구조의 고도화, 재래시장 현대화 · 권역별 전문상가 조성 · 횟집단지의 경관화 등을 통한 지역상권의 특성화), 항만 · 어항 인프라 대폭 확충, 수산자원 조성을 집중 육성, 살기좋은 농어촌 개발 및 관광 농수산업 육성 전략이다.

다섯 번째는 청정하고 쾌적한 '자연생태도시' 조성이다. 이를 위해 환경친화적인 개발 지향, 청정대기 환경 유지, 깨끗한 수질 환경 유지, 아름다운 해양 환경유지 사업을 펼쳐나가겠다는 전략이다. 환경친화적인 개발을 지향하기 위해서는 관광지 개발과 도시 개발에 앞서 자연생태의 보전 및 관리의 종합 계획을 수립 추진함으로써 개발과 보존의 균형적인 환경원칙을 유지하는 환경 친화적인 개발을 추진한다. 청정한 대기 환경을 유지하기 위한 사업으로는 대기 관련 정책을 강화하고 예방형 대기

환경을 구축(업소의 사업장별 차등관리, 자동차 중간검사제 도입, 천연가스 버스 보급, 대기 오염 자동측정망 확충, 대기관리 정보 시스템 구축 등) 사업을 계획하고 있다. 깨끗한 수질 환경을 유지하기 위한 사업으로는 친수공간 확보와 지하수 관리, 하천 수질관리 강화, 폐수처리시설 확대 설치 등이 있다. 아름다운 해양 환경 유지를 위해 주문진항, 옥계항 등 주요 항만의 수질정화 및 보전 사업을 추진하고 연안수질 자동측정망을 운영하고 해양조사선에 의한 조사 및 항만에 대한 선박 청소 시스템 운영 등의 사업을 계획하고 있다.

여섯 번째로는 삶의 질을 높이는 '복지건강도시' 조성이다. 이를 위해 수요자 중심의 복지전달체계 구축, 고령화 사회의 노인복지 인프라 확대, 보건의료 서비스 향상, 여성의 사회참여 확대, 밝고 건강한 아동과 청소년 육성 사업이 있다.

일곱 번째는 앞서 가는 '선진자치도시' 조성이다. 세부 사업 내용으로는 효율적인 행정조직으로 거듭나기, 공무원의 능력 개발과 전문화 정착, 경영행정과 고객만족 행정서비스의 정착, 과세행정의 과학화와 재정운용 능력이 향상, 민자유치 사업 활성화, 시민의 국제화와 강릉의 국제화 실현 등으로 구성되어 있다.

5) 삼척시

지역혁신 발전 5개년 계획

삼척시는 지역이 보유한 개발 잠재력을 최대한 활용하여 지역균형발전과 지역간 상호 연계성을 유지하고 미래의 발전 축과 지역상을 반영할 수 있는 독자적인 개발의 틀과 구상을 통해 삼척시의 비전을 고원휴양관광도시, 역사 · 문화의 도시, 세계적인 해양동굴도시, 풍요로운 국제도시, 청정 환경 중심도시로 비전을 세웠다.

〈표 44〉 삼척시의 전략 사업 세부 내용

사업명	세부내용
동굴 관련 Event 정례화	동굴생성지구 테마관광 벨트화, 맹방관광단지, 도계 관광지 등 부대행사장 확대
세계 해양민속촌 건설	세계적인 해양민속촌 건설(Waterfront 민속단지 조성), 소형어선 야외박물관 조성 및 해양 관광지 연계 개발
세계 Herb Festival 개최	맹방 지역 · 봉황산 지역을 중심으로 세계적인 꽃 축제 개최, 세계 Herb 동산 조성
국제 자연영화제 개최	자연을 주제로 한 특색 있는 영화제 개최, 환경보존과 연계한 영화제로 육성
강원 외국어 고등학교 유치	외국어 고등학교 유치 입장 피력 및 유치, 우수교원 및 학생의 확보
세계 성민속문화제 개최	남근깎기대회를 세계 성민속 문화제로 확대, 성 관련 관광상품 개발, 세계 성민속촌 조성
세계 Food Festival 개최	지역성이 가미된 세계 Food Festival 개최, 특색 있는 퓨전먹을거리 개발 및 브랜드화
세계 도시 테마파크 건설	세계 유명 관광지의 축소 모형재현, 테마 관광지화, 기존 관광지와 연계시설 설치
세계 Fishing Festival 개최	세계 Fishing Festival 개최, 펜션 산업 등 관련 산업 연계 추진
실버타운 건설	전원형 실버타운 조성, 나눔공동체 구성 등 부담 최소화
산촌먹을거리, 해양 먹거리촌 건설	정라동을 중심으로 한 해양먹을거리를 집중 육성, 산촌 지역은 체험형 먹을거리로 조성
한방약초 및 건강식품 박람회	한방대학과 산학 협력 및 연구체제 구축, 한방약촌 및 건강식품 박람회 개최
동굴 추가개방	발견된 동굴의 조기개방 추진, 환선굴의 휴식년제 실시
Extreme Sportsplexe 조성	궁촌 · 용화 · 장호해수욕장 및 황영조 공원 지역에 Extreme Sportsplexe 조성, 철도용지 및 터널이용 · 모험스포츠시설 조성, 해양 · 산악 · 항공 등 활동범위별 연계시설설치
국가과학 산업단지 조성	첨단산업 · 고부가가치 산업조성, 지역 발전에 순기능

출처: 삼척시 홈페이지.

이러한 비전을 달성하기 위한 전략 사업으로 열다섯 가지를 선정하여 추진하고자 한다. 전략 사업 열다섯 가지는 동굴 관련 이벤트 정례화, 세계 해양 민속촌 건설, 세계 Herb Festival 개최, 국제 자연영화제 개최, 강원 외국어 고등학교 유치, 세계 성민속 문화제 개최, 세계 Food Festival 개최, 세계 도시 테마파크 건설, 세계 Fishing Festival 개최, 실버타운 건설, 산촌 먹을거리 · 해양 먹을거리촌 건설, 한방약초 및 건강식품 박람회, 동굴 추가개방, Extreme Sportsplexe 조성, 국가과학 산업단지 조성으로 구성되어 있고, 각 사업별 세부내용은 앞의 〈표 44〉와 같다.

(5) 지역 성공사례

1) 축제와 지역

영동권에서는 다른 어느 지역보다도 지역에서 이루어지는 축제가 많이 있으며, 특히 대부분의 축제가 여름 휴가철에 집중되어 있다. 이는 이 지역을 방문하는 방문객들의 성향과 크게 다르지 않은데 영동권 지역은 동해라는 좋은 환경여건을 가지고 있으므로 이곳을 방문하는 방문객들은 대부분 여름철에 집중되는 현상이 나타나고 있다. 이러한 여름철 집중도로 인해 이 지역의 축제 또한 대부분 여름철에 집중되어 있는 경향을 보이고 있다. 그러나 많은 축제들에도 불구하고 대부분의 축제들은 서로 차별성이 보이지 않고 유사한 프로그램이 많아 서로 인근 지역의 축제 내용을 베끼는 것이 아닌가 하는 의문이 들 정도이다. 일례로 매년 정월 초하루에 실시하고 있는 해맞이 축제는 영동권역 모든 지역에서 하고 있으며, 축제 프로그램의 내용 또한 크게 다르지 않다. 한여름 동해의 바닷가에서 이루어지는 오징어축제는 강릉시와 속초시, 동해시에서 동시다발적으로 이루어지고 있으며, 그 프로그램 또한 거의 차이가 없다. 다만 삼척시의 경우는 오징어 대신 넙치(광어) 맨손잡기 대회를 하고 있는 형편이다.

이러한 유사한 축제의 난립은 그 지역에서 이루어지고 있는 축제나 홍보 효과 및 지역 경제 활성화에 전혀 도움이 되지 않으리라 여겨진다. 유사한 축제, 또는 특색 없는 축제는 과감히 통폐합되어야 할 부분일 것이다. 이러한 유사한 많은 축제들 가운데서도 지역의 특성과 고유한 자원을 이용하여 성공한 축제와 사례들을 소개하고자 한다. 이러한 성공한 축제와 사례를 통하여 영동권 지역에서 나아가 대한민국에서 어떻게 지역의 고유한 자원과 잘 결합하여 축제를 활성화하고, 이러한 특성 있는 축제를 통하여 지역을 홍보할 것인가에 대한 모범사례가 될 수 있다고 확신한다.

다른 지역에 벤치마킹의 대상이 될 수 있는 성공한 축제 및 사례는 양양군의 송이축제와 연어축제, 강릉시의 단오제, 속초시의 대한민국음악축제, 삼척 신리 너와 마을, 고성군의 왕곡 마을이라고 할 수 있다.

2) 송이축제

양양군의 송이축제의 정식명칭은 '양양 송이축제 2005'이다. 축제의 부제는 '천년의 향! 양양 송이축제 2005'이다. 행사기간은 2005년 9월 30일부터 10월 4일까지 5일간 이루어졌으며, 외국인 송이채취 현장체험은 이보다 조금 더 긴 2005년 9월 24일부터 10월 8일까지 이루어졌다. 송이채취현장체험은 참가비를 내고 체험을 할 수 있다. 장소는 양양 남대천 둔치 및 양양시장을 중심으로 한 양양군 전역에서 이루어지고, 행사의 주최는 양양 송이축제위원회가 맡고 있다.

양양 송이는 1kg당 평균 30만 원선을 호가하므로 일반 서민들이 송이를 맛보기에는 쉽지가 않다. 이렇게 가격이 비싸서 사람들은 송이를 숲

속의 다이아몬드 또는 황금버섯이라고 부른다. 이러한 양양 송이를 남대천과 설악산의 산림욕을 즐기며 수십 년 자란 소나무 밑에서 축제를 통해 만날 수 있다. 자연산 송이의 생태를 직접 관찰하고 채취할 수 있는 송이채취 현장체험 및 자연생태체험을 할 수 있다. 축제의 세부 내용은 〈표 45〉와 같다.

〈표 45〉 2005 양양 송이축제 행사 내용

행사분류	세부내용
개막행사	산신제, 개막식, 개막축하공연
현장체험행사	외국인송이채취현장체험, 송이생태견학, 송이보물찾기, 동호리 멸치후리기, 송천떡마을체험, 어성전탁장사체험
문화예술행사	양양사랑 사생대회, 전통혼례재현, 강현민속보존회공연, JAZZ콘서트, 청소년댄스대회, 지역문화단체공연, 아카펠라 콘서트, 국악공연, 한국무용, 탁장사대회, 기원리본소지행사, 초등학교합주공연, 양양향토사랑웅변대회, 양양사랑의 음악회
맛체험행사	송이요리전문점, 송척떡만들기, 재첩국 시식 및 판매, 나도송이제과사, 웰빙송이요리시식
상설행사	송이축제 주제관, 송이판매장 운영(직거래장터), 낙산배품평회, 전통민예품 만들기 체험, 관광기념품 판매장, 특산품판매, 천연염색 체험, 분재전시, 농경문화체험, 민속놀이마당, 페이스페인팅, 송이돌이만들기, 열기구타기
거리행사	길놀이, 송이홍보단 퍼레이드
기타행사	송이특별경매, 양양 송이마라톤대회, 레크레이션, 염소싸움대회, 양양 송이알아맞추기 및 낙산배 깎기대회

출처: 송이축제 홈페이지.

양양 송이축제는 올해로 9회를 맞이하고 있다. 송이축제 방문객은 2004년도의 경우 13만 명이 다녀갔고, 2005년도에는 24만 명 이상이 다녀간 것으로 추정된다. 이렇게 지역의 고유한 자원(양양 송이)과 연계된 양양 송이축제는 이 지역에서 이루어지고 있는 다른 축제와의 차별성이 뚜

렷하고 현재 한국에서 이루어지는 축제 중에 송이라는 차별성과 독특함 때문에 많은 방문객들이 이 지역에 찾아옴으로써 지역에 여러 가지 경제적 효과를 유발시키고 있다.

3) 연어축제

연어는 민물에서 태어나 바다로 나가서 3년 정도 살다가 산란을 위해 다시 바다에서 민물로 돌아오는 습성을 가진 고기이다. 다 자란 연어는 대략 70Cm 이상 자라고 몸통은 원통 모양에 송어와 비슷하게 생긴 고기이다. 한국에서는 가을이 되면 연어가 자신이 태어난 민물로 강을 거슬러 올라와(회귀성 어족의 특징) 산란을 하고 산란장소에서 자신의 생을 마감한다. 우리나라에서 연어가 가장 많이 회귀하는 강이 바로 양양의 남대천이다. 양양 연어축제는 이러한 연어의 특성을 이용해 개최하고 있다.

2005 양양 연어축제(〈표 46〉 참조)는 양양 남대천 둔치 및 부대행사장에

〈표 46〉 2005 양양 연어축제 행사 내용

행사분류	세부 내용
맨손체험행사	연어맨손잡이 체험(토요일 3회 실시, 일요일 4회 실시, 참가비 20,000원 — 본인이 한 마리는 가져갈 수 있음), 송어 맨손잡이 체험(토요일, 일요일 — 3회 실시, 참가비 10,000원)
문화행사	지역문화 단체축하공연, 관대동아리공연, 퓨전국악공연, 어린이 인형극 공연, 청소년 댄스 경연대회, 사물놀이, 뮤지컬 연어 공연
상설행사	연어탁본뜨기, 국화 및 야생화 전시관, 연어연구센터 견학, 연어 홍보관, 페이스페인팅, 허브비누 만들기 체험, 전통민예품 공연, 연어와 함께 사진찍기, 연어요리 시식코너, 연어요리 전문음식점, 송천떡 떡메치기 체험, 알공예 체험

출처: 연어축제 홈페이지.

서 2005년 10월 22일부터 23일까지 이틀 동안에 걸쳐 양양 군청의 주최로 진행되었다. 올해가 10회째인 연어축제는 2004년 11만 명의 인파가 몰렸으며, 2005년에는 14만 명의 인파가 연어축제 행사장을 다녀갔다. 특히 2005년에는 양양군이 당초 기획한 맨손잡기 체험 프로그램에 3,000명을 준비했으나 4,600여 명의 신청자와 체험인파가 한꺼번에 몰리는 바람에 곤욕을 치르는 진풍경이 연출되었다.

4) 단오제

강릉단오제는 단오절 단양절, 단양놀이, 단양굿 등으로 불리며, 고대 부족국가의 제천의식과 농경의례에서 비롯된 유구한 역사의 향촌제로서, 전래의 모습을 그대로 전승하는 전통 민간축제로 중요무형문화재 제13호로 지정되어 있다.

온 시민이 한뜻이 되어 풍요와 안전을 기원하고, 농악, 씨름, 그네 등 대대적인 민속놀이를 벌여 우의와 협동을 다지는 뿌리 깊은 전통을 지니고 있다. 조선 세조 때 남효온의 『추강집』, 광해군 때 허균의 문집 『성소부부고』, 조선 후기 강릉읍지인 『임영지』 등에 그 내용이 전하며 강릉단오제의 유래는 천년을 거슬러 올라간다고 할 수 있다.

단오는 대관령 국사서낭신의 성황굿에서부터 크게는 국태민안과 개인의 재앙을 물리치고 복을 기원하는 굿 등이 12거리로 진행된다. 강릉 단오제에 모시는 신은 신라의 명장 김유신으로 알려져 있는 '대관령 산신', 신라말 구산 선문 중 하나인 사굴산문을 창건한 범일국사인 '대관령 국사서낭신', 강릉의 정씨 처녀를 호랑이로 하여금 데려오게 하여 아내로 삼았다는 '대관령 국사여서낭신' 등 3신이며 제의는 차례로 모신다. 이러한 유래를 갖고 있는 강릉단오제는 음력 4월 5일 '신주빚기'를 시작으로 단오제가 끝나는 음력 5월 7일까지 한 달 동안 열리게 된다.

강릉 단오제는 5가지 양식을 가지고 있는 전통축제인데 첫째는 제의형 신앙축제(대관령 중심의 공동체 신앙을 바탕으로 한 사회 통합의 지역축제), 둘째는 생업형 생산축제(농업과 어업의 풍요를 비는 생산축제인 동시에 활발한 물자교류를 위한 행로의 안전을 기원하는 생업형 축제), 셋째는 연행형 예술축제(가면극과 농악 등 민속예술 기량을 발휘하는 연행축제), 넷째는 놀이형 신명 축제(씨름과 그네 등 각종 놀이와 게임을 통해 주민들이 신명풀이를 하는 오락축제), 다섯째는 명절형 절기 축제(단오풍속에 따른 절기음식과 놀이를 즐기는 정기적인 명절축제)이다.

〈표 47〉 2005 강릉 단오제의 행사내용

행사분류	세부내용
행사기간	강릉 단오제 행사기간: 2005. 5. 12～6. 13 강릉 단오제 본행사: 2005. 6. 09～6. 13
행사장소	단오장(강릉 남대천 주변 일대) 및 지정행사장
행사종목	지정문화재 공개행사 외 45개 종목
지정 문화재 행사	1. 신주빚기: 강릉단오제는 음력 4월 5일 옛날 관청이었던 칠사당에서 강릉시장과 주민들이 봉정한 쌀과 누룩으로 신주(神酒)빚기를 함으로써 시작된다. 2. 대관령산신제 · 국사성황제: 4월 보름이면 대관령에 올라가 산신제를 지내고 국사성황신을 모셔오는 행사. 성황신의 위패와 신목을 모신 일행은 신명나는 무악을 울리면서 대관령을 내려온다. 3. 대관령국사성황 행차: 단오제의 국사성황신은 범일국사로 신라의 고승인데 죽은 뒤에 영동지역을 수호하는 대관령국사성황신이 되었다. 4. 국사여성황사봉안제: 대관령을 내려온 국사성황 행차 일행은 강릉시내를 경유하여 홍제동 여성황사로 간다. 두 분의 위패와 신목을 모셔놓고 유교식 제사 올리고 무당패가 부정굿, 서낭굿을 한다. 단오제가 본격 시작되는 5월 3일까지 위패와 신목은 여성황사에 모셔둔다. 5. 영신제 · 영신행차: 음력 5월 3일 저녁 제관과 무당들이 대관령국사여성황사에 올라가 영신제를 지낸다. 그리고 국사성황신의 위패와 신목을 남대천 가설 제단(굿당)으로 모시는 행차(영신행차)가 벌어진다. 영신행차에는 농악대와 시민들이 등불을 들고 뒤를 따르면서

지정 문화재 행사	축제분위기를 만든다. 굿당에 위패와 신목을 모셔놓은 뒤 무녀들이 환영의 춤을 추는 것으로 영신행차는 끝난다. 6. 조전제: 음력 5월 4일부터 7일까지 단오제가 계속되는 동안 아침마다 유교식 제사를 올리는 것을 말한다. 기관장, 사회단체장 등 강릉의 인사들이 제관을 맡아 공동체의 안녕을 기원하며 제사를 올린다. 7. 단오굿: 단오제 기간 내내 매일 아침부터 저녁까지 계속되는 단오굿은 민중들의 실질적인 종교 의례의 기능을 담당한다. 단오굿은 영동지역의 안녕과 생업의 번영을 기원하면서 여러 신들을 차례로 모시는 의례. 굿을 참관하는 시민들은 국사성황 신위 앞에서 집안의 평안을 비는 개인 소지를 올리기도 한다. 굿의 내용은 부정굿, 시준굿, 성주굿, 천왕굿, 심청굿 등이다. 8. 송신제(소제): 제례와 단오굿을 모두 마치고 난 후 국사성황신은 대관령, 국사여성황신은 홍제동으로 다시 모시는 제례를 올린다. 제례와 굿을 사용한 신목과 지화, 등, 용선, 신위 등의 모든 것을 불에 태우는 소제로서 송신제와 함께 단오제의 모든 행사는 막을 내린다. 9. 강릉관노가면극: 관노가면극은 춤과 동작을 위주로 한 국내 유일의 무언 가면극. 관노라는 특수한 계층에 의해 연희되었다. 다른 가면극의 풍자와는 달리 공동체의 질서회복을 목적으로 하고 있으며, 놀이 내용은 모두 다섯 마당으로 이루어져 있다. 첫째 마당–배불뚝이 장자마리가 놀이판을 연다. 둘째 마당–양반광대와 소매각시 등장. 사랑을 나누는 장면 셋째 마당–시시딱딱이가 나타나 둘의 사랑을 훼방, 소매각시를 빼앗는다. 넷째 마당–소매각시의 자살소동 다섯째 마당–화해의 마당. 모든 사람들이 화해.
단오제 민속놀이 행사	씨름대회, 그네대회, 줄다리기 대회, 투호대회, 강릉사투리 대회, 전국풍물놀이 경연대회
단오제 민속체험촌 행사	신주 시음회(시민들이 봉정한 신주미로 빚은 신주를 무료로 시음함), 창포머리감기, 수리취떡 만들기(시민들이 봉정한 신주미 일부로 수리취떡을 만들면서 떡메도 치고 떡살 체험도 함), 단오부적 그리기, 관노탈 그리기, 열두띠 찍기, 단오부채 그리기
단오제 경축문화 예술행사	전국한시백일장, 전국시조 경창대회, 단오 장기왕 대회, 전국사진 공모전시회, 단오 학생 미술실기대회, 국악공연, 단오등 경품 추첨 공개행사, 강릉의 무형 문화재 독후감 쓰기 대회

출처: 강릉 단오제 홈페이지.

강릉 단오제는 음악(무속음악, 민속극음악, 농악, 민요 등), 춤(무당춤, 농악대춤, 가면극의 춤), 민속극(강릉관노가면극), 구비서사시(무속서사시) 등 한국 전통 예술의 종합적 연행이 이루어지는 축제로 한국의 전통적 샤머니즘 공연예술의 정수를 간직한 축제라고 할 수 있다.

2005 강릉 단오제의 부제는 '천년의 어울림'이다. 단오제의 자세한 행사내용은 앞의 〈표 47〉과 같다.

2004년 강릉 단오제를 방문한 관광객은 173만 명에 경제유발 효과는 1,046억 원을 넘는 것으로 추정하고 있다. 2005년 단오제에는 현재 정확한 집계가 나와 있지는 않지만 2004년보다 더 많은 인파가 몰린 것으로 많은 언론에 보도된 바 있다. 독특하고 차별성 있는 지역축제가 지역에 어떠한 기여를 하는지 강릉 단오제는 여실히 보여 주고 있다.

5) 대한민국 음악축제

2004년부터 속초시와 MBC가 공동주최로 우리나라 최초의 대한민국 음악축제를 개최하였다. 올해로 2회째를 맞은 대한민국 음악축제는 설악산과 속초의 해변에서 대규모 음악축제를 벌임으로써 국내 최대의 음악축제로 자리잡아 가고 있다.

대한민국 음악축제의 가장 큰 특징은 무더운 여름에 바다를 배경으로 펼쳐지는 밤의 축제라는 점이고, 장르의 구별 없이 다양한 음악을 만날 수 있으며, 대한민국 최고의 인기스타와 음악전문가를 한자리에서 만날 수 있다는 것이다.

이러한 음악축제를 통해 아직 2회 축제이긴 하지만 행사기간 동안 속초시를 방문하고 공연을 관람한 사람만 25만 명에 이르게 되었다. 대한민국음악축제의 세부내용은 〈표 48〉과 같다.

〈표 48〉 대한민국 음악축제 세부 내용

행사분류	세부 내용
행사기간	2005. 8. 1. ~ 8. 8.
행사장소	청초호 엑스포 광장, 영랑호 잔디광장, 설악공원 C지구
주최	속초시, MBC
발라드 축제	설악공원 C지구: 데니, 데이, 성시경, 김조한, 김현정, 유미, 모세, 김우주 등 출연
남진 2005님과 함께	청초호엑스포장: 남진, 주얼리, 크라잉넛 등
록페스티벌	영랑호잔디구장: 이성우, K2, 서문탁, 노브레인, 이한철밴드, W.브런치, 퍼필 등
신중현 헌정공연	속초종합 운동장: 배철수, 신대철밴드, 한영애, 인순이, 김종서, 김건모, 윤도현밴드, 김조한, 빅마마, 성시경, 린, 시베리안허스키 등
통기타축제	설악공원 C 지구: 최은경, 최성수, 김종환, 박정운, 신효범, 나무자전거, 녹색지대, 솔리스트 등
이미자 콘서트	청초호엑스포장: 이미자, 성시경, 장윤정 등
힙합페스티벌	영랑호잔디구장: 데프콘, 타이거 JK, 은지원, 윤미래, 45rpm, 배치기, 스토니스컹크 등
빅스타 3색 콘서트	속초종합 운동장: 안숙선, 임웅균, 인순이 등
국악 · 재즈축제	설악공원 C 지구: 김영임, 신영희, 전제덕, 밴드 말로, 서영은, 임태경, 뿌리패, SOME, 어린이명인 등
조수미 동해판타지	청초호엑스포장: 조수미 외 록페스티벌 영랑호잔디구장: 노홍철, 부활, 김종서, 김경호, 마야 등
젊음의 축제	속초종합 운동장: 이효리, 김진모, 보아, 동방신기, 비즈, MC몽, 은지원, 노브레인, SS501, 길건, 임정희 등
트로트축제	청초호엑스포장: 이상벽, 현철, 태진아, 송대관, 김수희, 장윤정 등

출처: 대한민국음악축제 홈페이지.

6) 신리 너와 마을

너와 마을은 화전민이 자연스럽게 모여 자연부락을 형성한 마을로 산촌의 수수한 정과 고향의 따뜻함을 그대로 간직한 아름답고 수수한 산촌

[그림 19] 신리 너와 마을의 너와집

마을이다. 소재지는 삼척시 도계읍 신리 마을에 위치하고 있다. 현재는 너와집과 통방아가 원형대로 보존되어 전국에 너와 마을로 그 이름이 잘 알려져 있으며 마을에는 총 2채의 너와집이 중요민속자료 제33호로 지정되어 관리되고 있다. 마을에 너와집이 아직까지 남아 있을 정도로 이 마을은 자연과 더불어 살아가고 있는 마을로 순박한 사람들과 신선한 공기가 아름다운 자연과 잘 어우러져 있다.

마을 특산물로는 산머루, 둥글레, 칡즙 등 산간 지역에서 생산 가능한 친환경 농산물이 특산물이다.

너와 마을에 가면 1960년대 산촌마을의 일상적인 삶을 체험할 수 있다. 옛날 할아버지, 할머니, 부모님들이 생활했던 삶을 직접 체험하면서 고향의 향수와 선인들의 삶의 지혜를 맛볼 수 있는 기회를 제공하는 것이다. 마을에 오면 화전민 전통가옥인 너와집과 투방집에서 민박을 할 수 있으며, 전통산간 마을의 체험을 마을 주민들과 같이할 수 있다.

신리 너와 마을에서 외부인들에게 제공하고자 하는 마을의 체험 방향은 '두메산골 하루하루'이고 이는 두메산골 마을의 풋풋함을 체험객들이 직접 몸으로 느낄 수 있도록 하는 데 그 목적이 있다.

너와 마을에서 가능한 체험 프로그램은 계절별로 〈표 49〉와 같다.

〈표 49〉 너와 마을의 계절별 체험 프로그램

계절	체험 프로그램 내용
봄	육백산봄소풍, 산나물캐기, 봄농사체험
여름	개울가 물놀이, 물레방아 돌리기, 밤 낚시하기, 옥수수 · 감자구워먹기, 봉숭아 물들이기, 고기잡기
가을	육백산단풍놀이, 떡만들기, 송이따기
겨울	얼음썰매타기, 발구타기, 화로문화체험, 짚풀문화체험, 설피만들기, 윷만들어놀기

출처: 너와 마을 홈페이지.

7) 왕곡 마을

국가 중요민속자료(제235호)로 지정된 고성군 오봉 왕곡 마을, 동해안과 설악산을 찾고도 문화적 향취를 느끼지 못하는 사람들에게 이곳은 설악권의 새로운 문화적 전통을 느끼게 하는 곳이다.

고성군 죽왕면 오봉리. 송지호 호수 뒤편에 위치한 왕곡 마을은 19세기를 전후하여 건립된 북방식 전통한옥과 초가집이 전국에서 유일하게 밀집되어 보존되어 있는 곳이다. 왕곡 마을은 국가중요민속자료 제235호로 지정되어 있다.

우리나라 옛 가옥의 구조를 보려면 이곳 왕곡 마을을 찾아야 한다. 지난 1997년에도 유네스코 관계자가 이곳 왕곡 마을을 찾아 한국의 전통가옥을 둘러보고 극찬을 한 적이 있다고 한다. 이 마을이 이처럼 전통가옥을 그대로 보존할 수 있었던 것은 마을을 둘러싼 다섯 개의 큰 산에 가려 한국전쟁 당시 한 번도 폭격을 당하지 않은 데다, 도로와 멀리 떨어져 있어 초가집을 헐어내는 새마을 운동의 영향을 받지 않은 탓이다. 지난 1996년 발생한 대형 고성 산불이 발생했을 때도 부근의 산들은 대부분 불탔으나 마을에는 불길이 미치지 않았다. 관북 지방에서 볼 수 있는 북방식 전통한옥구조인 왕곡 마을의 가옥구조는 안방과 사랑방, 마루 부엌이 한 건물 내에 수용돼 있으며 부엌에 마굿간을 덧붙여 추운 지방에서 유리하게 지어진 구조다. 함경도를 비롯한 관북 지방에서 흔히 볼 수 있는 구조로 뒷담이 높은 것이 특징이다. 오봉리 왕곡 마을에 들어서는 입구는 진흙을 발라 만든 흙담벽이 옛 정취를 물씬 풍긴다. 이곳 오봉리 왕곡 마을의 한 가지 특징은 마을에 우물이 없다는 것이다. 이는 마을 모양이 배의 형국이어서 마을에 우물을 파면 마을이 망한다는 전설 때문이라고 한다. 왕곡 마을은 효자각이 2개나 세워졌을 정도로 효자 마을의 전통을 지니고 있다.

[그림 20] 왕곡마을의 북방식 전통 한옥

현재 왕곡 마을은 총 51가구 158명의 주민이 대부분 농업에 종사하고 있다. 마을 이름의 유래는 마을 뒷쪽의 오음산을 비롯해 두백산, 공모산, 순방산, 제공산, 호근산 등 다섯 개의 산으로 둘러싸인 데서 기인했다고 한다.

마을의 형성은 고려 말 두문동 72인 중의 한 명인 홍문박사 함부열(咸傅說)이 간성에 은거한 것에서 시작됐다고 한다. 그는 신분을 숨기기 위해 양근(陽根) 함씨로 본관을 잠시 바꿔 살았는데 그 후 그의 차남인 치원(致遠)이 이 마을로 이주해 자리를 잡고 마을을 형성한 것으로 알려져 있다. 이런 이유에선지 어머니의 제사는 반드시 차남이 모시는 풍습이 이 마을에 있다. 또한 마을에는 음력 1월 14일에 오곡밥 아홉 그릇을 먹고 나무 아홉 짐을 하는 재미있는 풍습이 전해지고 있다. 마을에는 함희석 효자각과 함씨 4대 효자각이 있어 오봉 1리가 전통 있는 마을임을 대변해 주고 있다.

〈표 50〉 제2회 왕곡마을 민속체험 축제 세부내용

분류	프로그램 세부내용
의식	왕곡 제례
전통생활체험	왕곡 마을 'ㄱ' 자의 비밀, 방앗간 체험, 농사체험(벼 베기, 탈곡, 도리깨질), 전통생활제험(설구, 떡매치기, 디딜방아, 한과만들기, 짚신, 왕곡주 시음, 맷돌, 두부만들기, 꼽세, 새끼꼬기, 용두래체험, 봉숭아 물들이기, 미꾸라지잡기, 감따기 등)
민속놀이체험	함씨와 최씨 깃대싸움 놀이, 상여 외나무다리 건너기 놀이, 노인척사대회, 전통혼례재현, 마당놀이체험(널뛰기, 제기차기, 굴렁쇠굴리기, 그네타기, 경운기타기, 비석치기, 투호놀이, 동물놀이)
왕곡 장터체험	왕곡 장터 재현, 왕곡 농수산물 재래장터 재현
생태체험	송지호 생태체험
전통분위기 조성	놋다리 설치, 허수아비 설치
부대행사	달집태우기 행사, 유치원 사생대회, 초등부 사생대회, 중 · 고등부 사생대회

출처: 왕곡마을 홈페이지.

이 왕곡 마을에는 천도교로 이어져 내려오는 동학사적기념비가 1997년 6월 세워졌다. 동학 2대 교조인 최시형 교조는 1889년에 왕곡 마을 김하도 씨의 집에 머물며 포교 활동을 한 것으로 알려져 있으며, 1894년 동학혁명 당시 강릉 전투에서 패한 뒤 왕곡 마을 함일순 씨의 집에 머물며 전력을 재정비한 것으로 알려져 있다.

이곳 왕곡 마을에서는 올해로 왕곡 마을 민속체험 축제 2회를 맞이하고 있었다. 행사기간은 2005년 10월 13일부터 16일까지 4일간이었으며, 축제를 통해 체험할 수 있는 프로그램은 〈표 50〉과 같다.

(6) 지역 개발 전략 검토

이상에서 영동권역의 지역별 특성과 참여정부 차원의 계획 검토, 광역자치단체인 강원도 차원의 계획을 검토하였으며, 나아가 각 지역의 지역발전계획을 검토하여 보았다. 더불어 각 지역이 가진 잠재자원들을 확인하고 벤치마킹이 가능한 지역의 우수사례들을 살펴보았다.

1) 문제점

앞에서 살펴본 대로 영동권의 각 지역지자체들이 세워 놓은 지역 개발 전략의 문제점들은 대략 네 가지로 정리된다.

첫째, 각 지역에서 세워놓고 있는 지역 개발 전략이 너무 거창하다. 너무 거창하기 때문에 현실감이 결여되어 있고, 현실감이 결여되어 있으므로 실제 현장에서 실행하기 힘든 계획, 또는 실행할 수 없는 계획이 되어 버린다. 결국 많은 부분이 쓸모없는 계획이 되어 버릴 가능성을 가지고 있다.

둘째, 각 지역의 지역 개발 전략들은 대부분 지역 개발 전략을 세울 때 지역 주민의 참여가 배제되어 있었다. 해당지자체 업무담당자와 특정연구원의 담당 연구원 몇 명이 개발 전략을 짜고, 그 계획을 입안하고 있었다. 계획의 초기단계에서부터 다양한 계층과 지역 주민들의 의견을 광범위하게 수집하고 개발 전략을 입안해야만 할 것이다.

셋째, 지역 개발 전략으로 세워놓은 지역 발전방안들이 크게 다르지 않았다. 다른 지역과의 차별성과 창의성이 부족하다. 더구나 대부분의 계획들은 예산투입식으로 사업(해당 동네에 무엇이 필요한지, 또는 사전답사도 없이 동네 축구장이나 화장실 건축 등과 같은 사업)으로 예산 낭비가 될 가능성이 큰 사업들을 계획하고 있었다. 하드웨어 중심의 사업들로 짓고 부수고, 다시 짓는 대형 사업 중심으로 할 것이 아니라, 이제는 사람 중심의 사업으로 바꾸어야 할 것이다.

넷째, 창의적인 지역 개발 전략이 없다. 영동권역의 각 지역에는 그 지역만이 가지고 있는 독특한 자원들이 많이 있다. 이러한 자원들에 대한 정밀조사가 이루어지고, 이러한 광범위한 조사들을 바탕으로 지역에 적합한 창의적인 지역 개발 전략을 모색해야 할 것이다.

2) 해결방안

이러한 영동권역의 지역 개발 전략의 문제점들에 대해 필자는 다음과 같은 7가지 해결방안들을 제시하고자 한다.

① 지역의 자원을 활용한 계획 수립

지역의 고유한 자원을 활용하는 방향으로 계획을 수정해야 한다. 그 지역의 자원들을 발굴해 내고, 이러한 자원을 바탕으로 사업을 한다면 지역 개발 전략이 성공할 수 있는 가능성은 그만큼 커질 것으로 생각된다. 일본의 지역혁신 전략의 대표적인 성공사례인 '1촌 1품 운동' 정신의 하나가 "가장 지역적인 것이 가장 세계적이다"라는 것이다. 지구촌이 하나가 되는 오늘날 같은 지구촌사회에서는 가장 지역의 특성을 잘 나타내는 것이 곧 가장 세계적인 것이 될 수 있음을 일본에서는 이미 지난 30년의 사업을 통해 실제로 체득한 것이다.

② 지역 주민의 참여

지역 주민의 자발적 참여 또는 점차적으로 사업 자체를 지역 주민 주도로 전환해야 한다. 이를 위해서는 해당 지방자치단체들의 뼈를 깎는 노력과 지역 주민 · NGO의 적극적인 참여와 활동이 요구된다.

③ 마을 단위의 전략 수립

현재 대부분 지방자치단체들이 지역 개발 전략으로 세우고 있는 전략은 해당 지역의 전체를 대상으로 하는 포괄적 계획이라고 볼 수 있다. 이를테면 강릉시, 속초시, 양양군 등의 지역 전체를 대상으로 하는 계획을 입안하고 있다. 그러나 이러한 광범위한 계획도 필요하지만 가장 기초가 되는 것은 보다 작은 단위에서의 계획이라고 할 수 있다. 모든 지방자치단체들의 근원이 되는 마을 단위의 개발 전략 수립이 요구된다고 하겠다.

④ 그 지역만의 특성을 발굴

다른 지역에는 없는 차별성, 그 지역만의 특성을 가미한 개발 전략을 수립해야 한다. 현재 각 지역이 가지고 있는 장점을 제대로 살리지 못하고 있는 유사한 개발 전략이 아니라, 소속 지역의 지역성을 가미하고 적극 활용한 독특한 개발 전략을 수립해야 한다. 또한 지역 개발 전략 계획을 세울 때 특정인을 위한 계획이 아니라 지역 전체를 위하고 소속 지역의 주민들을 위한 계획을 세워야 할 것이다.

⑤ 지역 내의 핵심 인력 발굴

지역 발전을 주도할 핵심 인력을 발굴하고, 키워야 한다. 공무원뿐만 아니라 지역 주민 중에서도 리더의 자질을 겸비한 사람들을 발굴하여, 그들이 지역혁신의 최전선에서 마음껏 활동할 수 있도록 인적 자원과 역량을 키워 주고 아낌없는 지원을 해야 한다. 지역자치단체는 지역 발전을 주도할 핵심인력을 외부에서 찾을 것이 아니라, 자기 스스로 지역 내에서 발굴하고 키워야만 진정한 의미에서 지역혁신을 이룰 수 있을 것이라 생각한다.

⑥ 지역의 고유한 브랜드 개발

영동권 지역의 대부분의 지역에서 그 지역을 대표할 수 있는 브랜드를 가지고 있지 못하다. 가지고 있다면 속초시의 '설악산'(외설악을 중심으로 한), 양양의 '송이', 강릉의 '단오' 정도이다. 그 지역을 대표할 수 있는 브랜드, 또는 그 마을을 대표할 수 있는 브랜드를 적극적으로 발굴해서 육성해야 한다. 이러한 브랜드를 통해 그 지역을 홍보하는 효과는 물론 지역의 새로운 성장동력을 제공해 줄 수 있을 것이다.

참고문헌

강릉시, 2004. Vision 강릉 2014.

강릉시청 홈페이지. http://www.gangneung.go.kr

강원도, 2004. 강원도 제1차 지역혁신발전5개년 계획.

강원도청 홈페이지. http://www.provin.gangwon.kr

건설교통부, 2003. 『건설교통백서 1998~2002』.

고성 왕곡마을 홈페이지. http://www.wanggok.com

고성군, 2004. 고성군 지역혁신발전 5개년 계획.

고성군, 2005. 고성군 신활력사업계획.

고성군청 홈페이지. http://www.goseong.org

국가균형발전위원회, 2004a. 『국가균형발전의 비전과 전략』, 동도원.

______, 2004b. 『한국의 지역전략산업』, 폴리테이아.

______, 2004c. 『혁신주도형 경제도약을 위한 신산학협력』, 폴리테이아.

______, 2005a. '신활력사업 추진방안', http://www.pcbnd.go.kr

국가균형발전위원회 · 건설교통부, 2005. '혁신도시 조성방향과 과제'(ppt), http://www.pcbnd.go.kr

국가균형발전위원회 · 건설교통부 외, 2005. 『공공기관 지방이전 계획』.

국가균형발전위원회 · 산업자원부, 2004. 『제1차 국가균형발전 5개년계획』.

권명중, 2005. 강원도 핵심전략산업의 동태적 발전방안. 연세대 창립 120주년 기념 학술대회 발표논문집.

김원동, 2003. "노무현 정부의 국가균형발전 정책—개요, 쟁점 및 과제—," 『신뢰연구』 제13권 2호.

______, 2004a. "지방살리기 3대특별법과 분산 · 분권개혁," 『분권과 혁신』, 소화.

______, 2004b. "춘천의 권력구조와 지방자치," 『춘천리포트3』, 나남.

______, 2004c. "대학, 지역시민사회 그리고 기업," 『21세기 한국의 기업과 시민

사회』(한국사회학회 2004년 가을 특별심포지움).

______, 2005. "정보사회와 지식 권위"(미발표).

김원동 · 박준식, 2004.『지역혁신과 농촌정보화』(한국정보문화진흥원 연구보고서).

김의식, 2002. "특별지방행정기관의 의의와 역할,"『지방행정』제51권 589호.

김종엽, 2003. "한국사회의 교육불평등,"『경제와 사회』제59호.

김휘석, 2005. "강원도 3각테크노밸리계획의 산업화전략 구축방안 모색,"『제2회 산업기술혁신 포럼—강원TP 중심의 지역 기술혁신체제 구축방안—』(자료집).

동해시청 홈페이지. http://www.dh.go.kr

노영성, 2004. "강원도 지역균형발전을 위한 지역전략산업육성의 차별화전략 방안모색,"『2004년 강원테크노파크 산업기술혁신 포럼』(자료집).

복득규 외, 2003.『클러스터』, 삼성경제연구소.

산업자원부 · 산업연구원 국가균형발전연구센터, 2003, "지역별 경제여건비교—경제통계지도의 활용," http://www.mocie.go.kr

성경륭. 2003, "분권 · 분산 시대를 열기 위한 국가개혁 과제,"『지방분권형 국가만들기』, 나남.

삼척시청 홈페이지. http://www.samcheok.go.kr

속초시, 2004. 속초시 지역혁신 5개년 계획.

속초시청 홈페이지. http://sokcho.gangwon.kr

신행정수도후속대책위원회, 2005. http://www.newcity.go.kr.

신리너와 마을 홈페이지. http://neowa.invil.org/exper

안동규, 2005. 지역혁신과 클러스터의 역할. KBA 강의자료집 22권.

양구군, 2005. "'국토정중앙 양구' 산채클러스터 구축사업," 신활력사업 계획서.

양양군, 2005. "송이 클러스터 육성사업," 신활력사업 계획서.

양양군청 홈페이지. http://www.yangyang-gun.gangwon.kr

염돈민. 2004. "강원도의 전략산업: '생명 · 건강산업',"『한국의 지역전략산업』, 폴리테이아.

______, 2005. "지역인적자원개발의 이슈와 전략: 강원도 사례,"『지역인적자원개발을 위한 한 · 중 · 일 · 대만 국제심포지엄』(자료집).

영월군, 2005. "박물관 고을 육성사업," 신활력사업 계획서.

오재일, 2005. "분권형 선진국가 건설을 위한 정부혁신과 지방분권의 과제," 『참여정부 2년 평가와 3년 전망 심포지엄 "민주적 발전모델과 선진한국의 진로"—』(대통령자문 정책 기획위원회 심포지엄 자료집).

인제군 · 인제군지역혁신협의회, 2005. 『인제군 모험 레포츠 클러스터 육성』. http://www.mogaha.go.kr

인제군, 2005. "모험레포츠 클러스터 육성사업," 신활력사업 계획서.

전영옥 외, 2003. "지역경제 새싹이 돋는다," 삼성경제연구소.

정선군, 2005. "생약초 특화지역 조성사업," 신활력사업 계획서.

정선군, 2005. 제1차 지역혁신발전 5개년계획.

조순영, 2005. 강원 해양바이오산업의 현재와 미래. 연세대 창립 120주년 기념 학술대회 발표논문집.

진재구, 2002. "지방자치단체와 특별지방행정기관의 역할 재정립," 『지방행정』 제51권 589호.

철원군, 2005. 『철원군 신활력사업 중기계획[친환경농 · 특산물 경쟁력 강화사업]』.

태백시, 2005. "태백 청정 고랭지채소 특성화 추진," 신활력사업 계획서.

통계청, 2005. 『시도별 장래인구 특별추계 결과(2005. 4)』. http://www.nso.go.kr

평창군, 2005. "Happy700 브랜드 강화사업," 신활력사업 계획서.

한국지방분권아카데미 외, 2004a. 『화천-양구-인제 지역혁신연구회창립대회 및 워크숍』.

______, 2004b. 『화천-양구-인제 지역혁신연구회 2차 워크숍』.

______, 2004c. 『화천-양구-인제 지역혁신연구회 3차 워크숍』.

______, 2004d. 『화천-양구-인제 지역혁신연구회 4차 워크숍』.

______, 2004e. 『화천-양구-인제 지역혁신연구회 제5차 워크숍 및 화천군지역혁신협의회 창립대회』.

행정자치부, 2004a. "지방분권특별법 제정 후속조치 추진," http://www.mogaha.go.kr (보도자료).

______, 2004b. "지방분권특별법 해설집"(지방분권특별법-지방의 시대 분권의 길), http://www.mogaha.go.kr(공지사항).

______, 2005a. “지방자치법 시행령 개정안 확정”(보도자료, 2005. 7. 26), http://www.mogaha.go.kr

______, 2005b. “지방자치법시행령 개정령”(법령공포, 2005. 8. 6).

화천군, 2005. “친환경 · 유기농 그린투어리즘,” 신활력사업 계획서.

홍천군, 2005. “유기농클러스터 조성사업,” 신활력사업 계획서.

횡성군, 2005. “횡성한우문화촌조성사업,” 신활력사업 계획서.

저자약력

안동규

Ohio State Univ. 경영학 박사
한림대학교 재무금융학과 교수
한국지방분권아카데미 원장
지방분권 국민운동 강원본부 상임이사
『혁신과 분권』(소화, 2004), 『지식 정보화시대 강원도의 특성화 발전전략』(2000), "동계 올림픽 타당성연구"(2000) 외

박준식

연세대학교 사회학 박사
한림대학교 사회학과 교수
고령사회연구소 소장
국가균형발전위원회 전문위원
『생산의 정치와 작업장 민주주의』(한울, 1996), 『세계화와 노동체제』(한울, 2002), 『혁신과 분권』(소화, 2004), 『춘천리포트 3』(나남, 2004) 외

김원동

고려대학교 사회학 박사
강원대학교 사회학과 교수
강원대학교 학생부처장
춘천시민연대 정책위원장
『한국사회의 불평등과 정치변동』, 『정보사회와 지역정보화』, 『분권과 혁신』(공저), 『중산층의 몰락과 계급양극화』(공저) 외

김동식

강원대학교 사회학 석사

강원대학교 정보과학대학원 담당, 지역혁신리더십과정 개발 외

한국지방분권아카데미 교육행정실장

"화천군 신활력사업계획서"(2005), "강원대학교 구조조정에 관한 연구"(1999), "강원지역 준농림지의 개발과 전략"(1999) 외

김정욱

한림대학교 경영학 석사

한국지방분권아카데미 연구팀장

강원도 발전연구원 위촉연구원

"화천군 신활력사업계획서"(2005), "G5 프로젝트 명품도시 브랜드 구축 전략 수립"(2005)

『마을창조』(소화, 2006)